PALAVRA DE
HOMEM

Tudo o que você queria saber
sobre o comportamento masculino
mas ninguém tinha coragem de confessar

PALAVRA DE HOMEM

Tudo o que você queria saber
sobre o comportamento masculino
mas ninguém tinha coragem de confessar

Felipe Machado

São Paulo, 2019

ÍNDICE

APRESENTAÇÃO: Todo homem é uma mistura de Brad Pitt e Homer Simpson 7

HOMENS E MULHERES... 11

PERSONAGENS DO DIA A DIA 65

FAMÍLIA 87

PERGUNTAS (ÀS VEZES) SEM RESPOSTAS 113

UMA HISTÓRIA DE AMOR 151

Dedicado a Isabel e Adones

TODO HOMEM É UMA MISTURA DE BRAD PITT E HOMER SIMPSON

Escrever um livro que promete revelações sobre o comportamento masculino é uma ideia arriscada. Em primeiro lugar, porque tudo o que eu disser aqui poderá ser usado – e certamente será – contra mim ao longo da minha vida.

Depois, porque qualquer comentário sobre relacionamentos feito por uma mulher pode soar "maduro" e "sensível", enquanto um texto escrito por um heterossexual convicto e apreciador do sexo feminino como eu corre o risco de soar como um discurso legitimador de certos comportamentos inaceitáveis hoje em dia. Nem uma coisa nem outra: esses relatos são apenas reflexões sobre a vida, os relacionamentos, o que nos separa e nos une como seres humanos.

A diferença de comportamento entre os sexos sempre foi enorme, mas talvez essa relação nunca tenha sido tão complexa quanto é hoje. As conquistas femininas e um equilíbrio maior entre os sexos em quase todas as áreas da vida profissional criaram uma dinâmica inédita que muitos homens ainda têm dificuldade em entender. Eu não: estou do lado das mulheres nessa história. Acredito que, ao longo dos últimos séculos, um mundo governado pelos homens pode ter se mostrado bastante pragmático do ponto de vista do progresso econômico, político e militar, mas bastante aquém na área social e comportamental de que a civilização necessita.

Isso dito, também acredito que o avanço das mulheres em todos os campos nos últimos anos, apesar de necessária, justíssima e tardia, acabou criando como efeito colateral uma geração de homens que ainda não descobriu seu lugar na sociedade. Compreender os novos limites traçados pelo bom senso e pela necessidade de uma sociedade mais equilibrada deve ser encarado com mais naturalidade pelas novas gerações, mas permanecerá um desafio constante para quem nasceu e foi criado segundo os padrões impostos no passado. Não que isso justifique qualquer ação contrária aos novos tempos por parte dos homens, muito pelo contrário. Ao aceitar seu novo papel, como eu fiz, o homem descobre que uma sociedade com mulheres mais poderosas não é apenas uma questão de justiça, mas de bom senso. Temos que dividir os direitos, mas também as responsabilidades. Isso é bom.

Deixando de lado análises sociológicas e teóricas, é impossível esquecer que as diferenças de comportamento entre homens e mulheres vão continuar a existir – e não há nada de errado com isso. Homens e mulheres serão sempre diferentes, por mais equilíbrio que alcancem do ponto de vista social. Este livro é uma abordagem bem-humorada sobre essas diferenças.

Sim, até porque concordo que "homem é tudo igual", como dizem as mulheres. Somos, sim, um bando de malandros incorrigíveis que só pensam naquilo. Mas somos muitas outras coisas também. Pensamos em futebol e cerveja, mas também nos preocupamos com nossas famílias e nossos relacionamentos, namoros, casamentos. Nunca pensei que fosse escrever isso um dia, mas homens também passam uma boa parte do tempo sofrendo e pensando em... amor.

Só que amor, para nós, é bem diferente da ideia romântica vendida todo ano na TV na época do dia 12 de junho. Para nós o amor não vem das flores ou presentes – embora isso compre tranquilidade por um bom tempo –, mas de uma certa paz que nos permita seguir em frente sem outras preocupações atrapalhando o que chamamos de vida.

Não costumamos perder muito tempo com sentimentos abstratos.

Achamos chato. Ao contrário de algumas mulheres, que podem passar o dia sonhando com o cara perfeito por quem estão apaixonadas, só queremos guardar a imagem da mulher amada em um cantinho do cérebro, um lugar seguro que possa ser acessado facilmente numa brecha no trabalho, no trânsito ou em qualquer outro momento que possa melhorar o nosso dia.

Queremos amar... e continuar fazendo as outras coisas de que gostamos. Não tenho a pretensão de definir o que é o amor para os homens, muito menos dizer o que as mulheres pensam ou deixam de pensar. Mas é mais ou menos sobre essas questões que tratam as 64 reflexões que selecionamos aqui a partir das minhas crônicas publicadas originalmente em colunas semanais no *Jornal da Tarde* e *Diário de S. Paulo*, de abril de 2006 a setembro de 2013. Em alguns casos, os textos sofreram pequenas alterações, principalmente em relação a atualizações, referências e contextos. Não houve nenhuma mudança radical em termos de conteúdo, até porque a essência dos relacionamentos permanece inalterada, apesar de todas as revoluções culturais. Homens e mulheres ainda querem amar e ser amados em troca, mesmo com todas as confusões que essa simples dinâmica acarreta.

Haverá algum comentário que pode ser considerado "machista"? Talvez. Apesar de ser possível reprogramar comportamentos, é mais difícil controlar pensamentos. E aviso desde já que este não é um livro escrito por um psicólogo, ou seja, não há qualquer rigor formal nas ideias que compartilho a partir das próximas páginas. São apenas reflexões de um cara normal, que acertou e errou na vida. Que casou e se separou, mas que ainda acredita no amor. Que tem uma filha que serve de inspiração para tudo, e uma família que serve de base para seguir em frente. Que já escreveu muitos livros e gravou muitos álbuns, mas que continua sabendo a mesma coisa que todo mundo sobre os segredos do amor: nada. Sim, porque só quem admite não saber nada sobre o amor tem a humildade necessária para começar a entender o que ele significa.

Quando penso que as mulheres dividem o mundo entre homens perfeitos e aqueles outros que elas têm dentro de casa, é bom iniciar este livro com uma constatação bastante realista: somos todos imperfeitos. E olha que informação interessante para as mulheres: vocês também são. Somos todos cheios de qualidades e defeitos, e vivemos tentando cometer mais acertos do que erros. Não há manual de instruções – é tudo intuição e biologia. De qualquer forma, para dar um exemplo que as mulheres vão entender, basta dizer que, no fundo, todo homem é uma mistura de Brad Pitt com Homer Simpson.

A porcentagem só depende da sorte.

HOMENS E MULHERES

VIVEMOS NA ERA DA FRAGILIDADE

Não é de hoje que as pessoas tentam classificar os tempos em que vivem. Era de Ouro, Era de Aquário, Era sei-lá-do-quê. Esses períodos de tempo são compostos por várias características interconexas, mas algumas sempre saltam aos olhos de quem se dispõe a analisá-las. Eu acredito, por exemplo, que vivemos hoje a Era da Fragilidade.

Essa fragilidade não diz respeito apenas a formas de governo como a democracia, que passa por ameaçadoras turbulências em todo o mundo, ou à inútil luta das corporações do passado para manter o *status quo* erguido sobre os alicerces da velha economia. Vivemos a Era da Fragilidade nas relações humanas.

Não é à toa que redes sociais como Facebook, Twitter e Instagram sejam tão populares. É mais confortável trocar ideias virtuais do que reais, já que pela internet criamos bolhas que permitem relacionamentos apenas com quem pensa igual à gente. E também é mais seguro: quando alguém ousa discordar, basta desligar o computador ou fechar o aplicativo no celular. Isso não é uma crítica às redes sociais – seria como atirar no mensageiro –, que são apenas o reflexo dessa fragilidade das relações. É uma crítica a nós mesmos, que deixamos a aceleração alucinada do mundo ditar o ritmo de nossas vidas. Não temos mais paciência para nada, não temos tempo para perder com nada. Ironicamente, não temos mais tempo para perder nem com as coisas que merecem tempo para perder. Não temos tempo nem para o que é importante.

Importante? Existe algo importante hoje em dia? Algo que consiga atrair nossa atenção por mais de dez minutos, sem que a gente dê uma olhadinha de leve para ver se chegou alguma mensagem pelo celular? Somos viciados em "dar uma olhadinha" mesmo durante atividades que exigem uma atenção total. Não é à toa que o celular no trânsito mata mais que o álcool. "Ah, mas era urgente" é a desculpa de sempre. Claro que sim. Quando nada é importante, tudo é urgente.

Nossas relações são frágeis até no nível mais íntimo, como prova o relato que ouvi de um amigo. Ele conheceu uma garota, convidou-a para jantar. Restaurante chique, tudo muito bem. A conversa estava ótima, muitos interesses e amigos em comum. Até que ele, em um momento descontraído, fez um comentário X sobre um assunto qualquer. Nada de mais, mas eles discordaram.

Foi o suficiente para estragar a noite. Ninguém mais pode discordar de alguma coisa. Qualquer diferença é intransponível. Nossas opiniões são cristais que não aceitam sequer serem riscados. E um futuro que poderia estar começando desapareceu em cinco ou seis palavras. Tudo o que veio antes foi jogado fora junto com as sobras dos pratos.

A Era da Fragilidade não tem paciência com imperfeições. Elas devem ser descartadas, não superadas. Por quê? Porque não há tempo para uma segunda chance. Como é que uma relação entre duas pessoas pode nascer no vácuo? Se uma conexão que está sendo criada entre duas pessoas não sobrevive a uma simples opinião diferente, como pode ser construída? Como é possível viver em um mundo em que as respostas devem ser sempre corretas? Na Era da Fragilidade, apenas as relações superficiais são eternas.

NÃO QUERO TER RAZÃO, QUERO SER FELIZ

O poeta Ferreira Gullar revelou em uma entrevista a origem de uma de suas frases mais famosas. Disse que, dia desses, discutiu tanto com a sua companheira que uma hora ela se levantou e abandonou o local.

Na opinião do poeta, ele até ganhou a discussão. Ganhou, mas não levou: ficou falando sozinho. E foi aí que ele cunhou a pérola: "Não quero ter razão, quero ser feliz". A genialidade da frase dispensa explicações. Aliás, as frases geniais são geniais justamente porque não precisamos explicá-las. Podemos, porém, refletir sobre ela. É para isso que servem as frases geniais.

Nós, mortais, não elaboramos pensamentos como Ferreira Gullar, e é por isso que nós somos mortais e o Ferreira Gullar é o Ferreira Gullar. Imagine só soltar uma frase dessas no meio da conversa: é o fim de qualquer discussão, não importa quem está com a razão.

A sociedade chegou a um nível de individualismo tão grande, que parece que todo mundo quer ter razão o tempo inteiro. Há muito tempo não ouço alguém dizer "puxa, você tem razão, eu estou errado". Será que ainda há espaço para a humildade nesse *reality show* que se tornou o mundo? Será que admitir um erro é visto como sinal de fraqueza?

A frase de Gullar chama a atenção justamente porque revela que é fundamental ceder, abrir mão de disputas mesquinhas em nome da felicidade. Não deveria ser esse o objetivo da vida, ser feliz?

Pode parecer ingenuidade, mas juro que vou pensar duas vezes antes de entrar em uma discussão. Porque a gente sempre sabe como uma discussão começa, mas nunca sabe como ela vai terminar. E, se pode terminar mal... para que começar? Já fiz isso tantas vezes, tantos confrontos desnecessários... Quem ganha uma discussão, ganha o quê?

Discutir com quem a gente ama só serve para minar a relação. Não estou pregando a apatia generalizada: é bom ter opiniões, são elas que constroem nossas personalidades. Mas querer impor essas opiniões a alguém tem um preço muito alto, que não vale a pena pagar. Ou melhor, pode até valer, mas só para quem estiver disposto a pagá-lo. Infelizmente, não é como checar a etiqueta numa loja de roupas: a gente só sabe quanto a discussão "custou" quando ela termina.

Gullar, eu também não quero ter razão, eu também só quero ser feliz. Pensando bem, ter razão nem é tão bom assim, porque significa que, se você está certo, a pessoa que você ama está errada. E será que é necessário expor o erro do outro de maneira tão evidente? Talvez seja por isso que vemos por aí cada vez mais gente com razão – e cada vez mais gente infeliz.

O PACOTE HUMANO

É comum ouvir gente dizer que só se casou "por causa da covinha" no queixo dele, ou que foi o "sorriso dela" que conquistou seu coração. Tudo balela: ninguém se apaixona por uma coisa só. O que conta mesmo é o pacote. O pacote humano.

Você está com alguém e quer saber se esse pacote vale a pena? Conheço um exercício bastante simples. Pegue uma folha de papel, escreva "eu adoro" no topo esquerdo da página e, embaixo, faça uma lista com tudo o que você ama no seu relacionamento. Do lado direito, debaixo de "eu odeio", detone tudo o que você não aguenta mais na pessoa amada. Veja qual foi o lado que teve mais anotações e tome a sua decisão. Agora amasse bem o papel e jogue no lixo. Não importa o resultado: se você precisou fazer uma lista dessas, a coisa deve estar feia.

A primeira coisa que digo aos amigos que ainda não se casaram: sejam tolerantes. Lembra do Tolerância Zero, programa contra o crime que deu certo em Nova York? Pois é, em relacionamento o que dá certo é o "Paciência Mil". Porque todo mundo acaba levando suas manias para dentro de casa. E aí fica difícil encontrar espaço para as manias dos outros. Ué, você achou que só você tinha manias?

Também é bom prestar atenção naquelas mentiras universais em que as pessoas insistem em acreditar. A de que é possível mudar alguém, por exemplo. A verdade é que ninguém muda ninguém, cada um só pode mudar a si próprio. E é melhor nem pedir para o outro mudar, já que geralmente a pessoa acaba mudando para pior.

Você odeia quando ele não levanta a tampa da privada? Veja pelo lado bom: ele poderia estar fazendo xixi no chão. Você não suporta vê-la roendo as unhas? Pense bem, ela poderia estar roendo as suas unhas.

É como diz um dos meus ditados preferidos: "As coisas mudam, as pessoas não." Isso não é conselho. Conselho é uma coisa que se dá de graça, e lembre-se que você pagou por este livro. Mas posso apenas sugerir uma coisa? Esqueça os pequenos detalhes e concentre-se no conjunto da obra. É esse pacote que vai determinar a sua felicidade.

O *TIMING* E O MOMENTO DE CADA UM

Feche os olhos e pense que você está em uma pista de dança lotada. Agora imagine que a noite está ótima, o DJ é incrível e das caixas de som começa a tocar *Let's Get it on*, de Marvin Gaye. Difícil ficar parado, não? Comece então a reparar nas pessoas ao seu redor.

Apesar de estarem todos ouvindo a mesma música, você vai perceber que cada corpo interpreta a melodia de uma maneira única; o cara balança um pouco para cá, a garota rebola um pouco para lá. E isso nos leva a uma conclusão bastante simples (e a uma bela frase de efeito).

Viver é como dançar: cada um tem o seu ritmo. E o seu *timing*.

Vamos tentar definir o significado da expressão: *timing* é a "a relação do indivíduo com o tempo/espaço", o contexto em que algum fato acontece e a reação que ele provoca em um cenário específico. Traduzindo: um cara que está no lugar certo na hora certa está com o *timing* perfeito.

E o *timing* errado? Imagine que você se forma no dia em que surge uma ótima vaga de estágio... só para estudantes. Até algo supostamente positivo pode sofrer com o *timing* errado, como a banda que lança um álbum super original, mas anos antes de esse estilo virar moda e estourar nas paradas. O *timing* pode ser questão de bom senso ou oportunidade, mas às vezes depende de fatores que não controlamos.

Essa característica incontrolável do *timing* afeta o lado emocional e a dinâmica de qualquer relacionamento. Imagine que o mundo é um gráfico e as vidas são linhas tortuosas riscando o diagrama em direção a algum ponto. As linhas da maioria das pessoas nem se aproximam, até porque somos tantos que o mundo não comportaria tantos pontos de encontro. Mas muitas se cruzam e se separam; outras se entrelaçam e viram uma só. As que se cruzam podem voltar a se cruzar lá na frente; as que viraram uma só podem se separar quando menos se espera.

É uma pena quando o *timing* estraga um relacionamento legal. Parece covardia culpar só o *timing*, elemento tão abstrato quanto, sei lá, o amor. Mas muitas vezes ele é, sim, o grande responsável pelo sucesso ou o fracasso de uma relação.

Imagine você começando a namorar um dia antes de receber o telefonema no qual a garota por quem você era apaixonado na adolescência revela que está se separando porque sonha em ficar com você. Ou o caso mais clássico, o do casal que não consegue ficar junto porque os dois estão em momentos muito diferentes de vida. Um quer casar, o outro acaba de se separar; um sonha em ter filhos, o outro já tem filhos demais. Um não aguenta ficar longe da família; o outro acaba de ser transferido para um emprego no exterior. São tantas variáveis que não caberiam neste livro – nem em todos os livros do mundo juntos.

A verdade é que não há culpados, o que torna tudo mais difícil. No caso do *timing* não é culpa de ninguém, mas do relógio biológico-emotivo de cada um. Não adianta: quando os dois não estão na mesma vibração, tudo conspira contra.

Tem gente que consegue ter o desprendimento (ou uma paixão muito forte) para deixar de lado seu momento e se adaptar ao *timing* do outro. Será que vale a pena? Para alguns certamente dá certo. Para outros, é apenas uma forma cruel e lenta de assassinar a própria personalidade.

Saint-Exupéry dizia que "amar não é olhar um para o outro, mas olhar juntos na mesma direção". Eu acrescentaria que é bom torcer para as linhas paralelas se encontrarem no momento certo... para os dois.

O *timing* tem mais poder do que se imagina. Tomar decisões certas não tem preço: você já deve ter sentido isso. Eu já senti. E me dei mal por não aceitar que o *timing* pode ajudar ou atrapalhar, dependendo do momento em que somos obrigados a tomar uma decisão.

Mas temos que seguir nossa vida em frente fazendo sempre o que achamos que é honesto, correto. E torcendo para estarmos na hora certa no lugar certo. Sempre.

O VELHO JOGO DA MANIPULAÇÃO

Há casais que gostam de passar o tempo livre jogando baralho, outros preferem aproveitar o verão para jogar frescobol na praia. Mas, entre os joguinhos praticados por casais, não há nenhum mais comum e desagradável do que a boa e velha manipulação.

Quando se pensa simplesmente na palavra "manipulação", logo imaginamos aqueles esquemas de filme de espionagem, feitos às escuras, cheios de estratégias complexas e sofisticadas. Pois a manipulação entre casais não precisa de nada disso. É bastante simples e, na verdade, quase inevitável.

Fazer alguém mudar seu jeito para agradar ao outro é uma das muitas maneiras de se manipular alguém, talvez a mais popular. Como toda manipulação, no entanto, ela pode ser revertida em algum futuro próximo. E aí o jogo fica confuso e desequilibrado, como se alguém abandonasse subitamente um dos lados da gangorra.

Como em todo jogo, no entanto, há um vencedor e um vencido. Mudar as ideias, mudar o modo de vida, mudar o comportamento... vale tudo para conseguir criar alguém "perfeito". Pena que essa perfeição é ilusória e, obviamente, desaparece no ar em algum momento – geralmente junto com o relacionamento.

Controlar a cabeça de uma pessoa é uma enorme responsabilidade, uma encrenca da qual nunca entendemos a dimensão exata até o dia em que surgem os primeiros indícios de efeitos colaterais: insegurança, perda de identidade, ansiedade, medo. Por definição, a palavra "manipular" significa "manejar"; e lembre-se de que só objetos podem ser manejados.

Toda técnica de manipulação prevê o sistema de punição/recompensa. E é nisso que se baseia o dia a dia dos casais; eu faço isso se você fizer aquilo. Não faça isso ou então eu serei obrigado a fazer aquilo. Mas, se você fizer isso, aí então prometo que eu faço aquilo. Combinado?

Inspirada pelo livro de Robert Masters e Jean Houston, a letra da música *Mind Games*, de John Lennon, falava de "jogos da mente" no sentido positivo da expressão, quando duas pessoas juntam suas cabeças para desejar algo positivo em comum, no caso, a felicidade absoluta. Seria ingenuidade acreditar que todo mundo tem essa grandeza de alma, essa generosidade. Mas não custa nada imaginar um mundo assim, onde cada um pode ser como realmente é, sem ninguém tentando mudar o seu jeito.

Talvez a liberdade de ser quem você é traga a felicidade, não sei. A única coisa que eu sei é que ter alguém puxando as suas cordinhas como se você fosse uma marionete com certeza não a trará.

O AMOR COMEÇA COM UMA BOA IDEIA

Tudo começa com uma ideia. Você encontra uma linda garota em uma festa e a convida para dançar. Na sua cabeça, começa a se formar a ideia de que essa mulher, embora não faça parte do seu passado, pode começar no presente a fazer parte do seu futuro.

E aí as imagens começam a se formar: vocês dois estão na pista de dança, mas na sua cabeça vocês já estão aos beijos no sofá da sua casa. Você volta à realidade, abre os olhos e ela ainda está lá, dançando, feliz. No momento seguinte, você pisca e se vê com ela em um restaurante, jantando à luz de velas, brindando com belas taças de champanhe.

Por enquanto são apenas ideias, mas alguém que visse sua cara de apaixonado imaginaria que não são apenas ideias, mas um projeto de vida que você planeja pôr em prática assim que o DJ baixar o som e essa maldita música eletrônica permitir que você pense direito.

Por enquanto, a garota desconhecida dançando na sua frente é apenas uma mulher bonita; daqui a pouco ela ganhará um nome. Em pouco tempo, ganhará um endereço, pai e mãe, amigas, gostos, medos. A ideia que você tem dela vai crescendo, se transformando, ganhando riqueza em detalhes. Pouco tempo depois, ela é uma pessoa tão essencial para a sua existência que você não consegue sequer imaginar como era a vida antes de ela aparecer.

Agora, ao pensar nela, você nem precisa fazer força para se lembrar do seu rosto. Sua memória tem, inclusive, várias opções disponíveis: uma versão dela acordando, outra se vestindo para o trabalho, com figurinos de cores e modelos diferentes. Já dá até para fazer uma listinha mental de quantas roupas dela você se lembra. Toda essa informação, porém, não impede que sua percepção continue sendo na forma de uma ideia. Uma ideia bem mais completa, é verdade, mas ainda assim, uma ideia.

Essa ideia é o conjunto de informações que vem à sua cabeça à tarde, no trabalho, quando você pensa nela. Você não pensa em tudo o que ela representa para você, nem haveria tempo hábil no mundo para isso. Mas você pensa em alguma coisa específica, alguma expressão facial ou corporal (ou ambas), alguma frase pronunciada em determinada ocasião. Isso é a ideia que você tem dela.

A ideia que temos de alguém não corresponde exatamente ao que essa pessoa é, por mais que nossa memória seja objetiva. É uma lembrança abstrata e às vezes até aleatória, como um reflexo mental que as pessoas amadas produzem na gente. E aí essa ideia fica eternizada, até mesmo quando as pessoas não estão mais juntas. No final, é isso que somos: ideias nas cabeças das pessoas. Como será a ideia que a pessoa que você ama tem de você?

A ÚLTIMA IMPRESSÃO É A QUE FICA

Algumas pessoas não ligam para essas coisas, mas o normal é querer sempre passar uma boa impressão quando se encontra alguém pela primeira vez. Como diz o ditado, a primeira impressão é a que fica. Pensando sobre o assunto, no entanto, descobri que o que acontece na vida real é justamente o contrário: o que fica é a última impressão.

Para você não achar que estou querendo bagunçar um ditado milenar, vou contar um pequeno caso. Muitos séculos atrás, quando eu ainda era adolescente, conheci uma garota numa praia do litoral norte de São Paulo. A primeira impressão que tive dela foi ótima: bonita, simpática, divertida, inteligente. A gente nunca tem 100% de certeza em relação a essas coisas, mas acho que ela também foi com a minha cara: sorria bastante, puxava papos, concordava com as coisas que eu falava. Como eu estava voltando para São Paulo no dia seguinte, ofereci uma carona. Ela aceitou.

Arrumamos as malas numa boa, entramos no meu carro, escolhemos juntos a trilha sonora. Maravilha. Mas, na estrada, a boa impressão que ela tinha de mim começou a desmanchar.

Todo mundo tem defeitos. Na época em que se passa essa história, antes do GPS e do Waze, a gente era obrigado a saber e prestar atenção nos caminhos. E a minha localização geográfica sempre foi péssima. Às vezes, estou dirigindo e começo a pensar em outras coisas... quando vejo, estou em outra cidade.

Pois foi exatamente o que aconteceu. O papo estava tão bom que perdi a entrada para São Paulo e fui parar na sombria periferia de alguma cidadezinha do interior. Aí deu tudo errado: era período de eleição e ficamos presos no meio de um comício. Quando a multidão começou a bater na janela do meu carro, descobri que minha bela passageira sofria de claustrofobia. Ela começou então a chorar e, com isso, a ótima primeira impressão que ela tinha tido de mim virou pó.

Deixei a garota em casa cinco horas depois. Ela nem olhou para trás para se despedir. O que você acha que está na memória dela até hoje, a minha simpatia na praia ou a minha cara de idiota no portão da casa dela? Acertou.

Temos que passar uma boa impressão em todas as ocasiões, mas a imagem que realmente fica na memória das pessoas é sempre a mais recente. Quando você reencontra um amigo de infância e descobre que ele virou o cara mais chato do mundo, é improvável que a lembrança de alguma nostálgica partida de futebol no passado seja suficiente para retomar a amizade.

A impressão que você tinha sobre o velho amigo era ótima; a atual, que vai durar até você se encontrar com ele novamente, é péssima. A gente nunca tem 100% de certeza sobre essas coisas, mas tenho a impressão de que você me entendeu.

AMOR NÃO SE PROCURA, ENCONTRA-SE

Amor não se procura, encontra-se. A gente não chega ao supermercado, surpreende-se com o amor na prateleira e lembra que está sem aquilo em casa. A gente não pega um pacotinho de amor e põe no carrinho, ao lado da caixa de leite, ou em cima da comida para o cachorro. A gente não passa no caixa e não paga o amor que pegou na prateleira com cartão de crédito. E daí a gente não põe o amor na sacola e não leva o amor para casa, feliz da vida por ter encontrado aquilo cuja falta em nossa vida já começava a incomodar.

O amor também não está no cardápio de nenhum bar ou restaurante. Você não pede para o garçom, junto com um chopinho e acompanhado por uma porção de bolinho de bacalhau. E você também não tem a oportunidade de pedir uma saideira de amor antes de ir embora, tentando seduzir o garçom tão gente boa, que está acostumado a te tratar tão bem.

O amor também não está no *shopping*. Em nenhum *shopping*, nem de São Paulo, nem em nenhum lugar do mundo. Nem ao menos naqueles *shoppings* dos Estados Unidos, onde você achava que tinha de tudo. Você não dá uma olhadinha sem querer na vitrine e ele está lá, te namorando de volta, esperando apenas você entrar na loja e pedir para a vendedora embrulhá-lo para presente.

O amor pode não estar à disposição nesses lugares, mas ele está, sim, por aí. E é sua missão encontrá-lo. Ele não está disponível no supermercado, no restaurante ou no *shopping*, mas ele pode estar ali disfarçado, escondido, se fazendo de difícil. Ele não estará na prateleira, no cardápio ou na vitrine, se exibindo para todo mundo.

Mas ele pode estar caminhando lentamente por um corredor gelado, pertinho dos iogurtes. Ou pode estar na mesinha ao lado, olhos atentos, torcendo para você reconhecê-lo logo e parar com essa bobagem de perder tempo sozinho. Ele também pode não estar na vitrine, mas quem disse que ele não está assistindo exatamente ao mesmo filme, no mesmo cinema, bem atrás de você?

Esse tal de amor é complicado de achar. Até quando a gente tem certeza de que encontrou, ele pode desaparecer de uma hora para a outra, sem explicar o porquê. Vai saber. Abra os olhos e preste atenção, porque ele também não carrega nenhuma placa com a expressão "sou eu". Infelizmente. Afinal, amor não se procura: encontra-se.

CARTAS NA MESA

Para uma mulher assustar um cara é fácil: é só dizer que quer "discutir a relação". Agora, se assustá-lo não é o suficiente, aqui vai uma dica infalível: acrescente o complemento "a gente precisa colocar as cartas na mesa".

"Cartas na mesa" é uma expressão que assusta a todos os homens do planeta, com exceção dos raros indivíduos que têm na mão um *Royal Straight Flush* – o jogo máximo do pôquer. No jogo do relacionamento, quando o casal precisa colocar as cartas na mesa, pode ter certeza de que ninguém sairá ganhando.

Não estou defendendo a falta de diálogo entre o casal, muito menos algum tipo de omissão em relação ao terreno onde cada um está pisando. A menos que um dos dois esteja blefando, no entanto, pode se preparar para descobrir que "as cartas na mesa" representam uma verdade absoluta que certamente transforma qualquer relacionamento.

Cobrar um homem é uma coisa; colocá-lo contra a parede é outra. É o paradoxo feminino: fazer o homem agir exatamente como ela quer, sem ter de dizer a ele o que fazer. É difícil? É. Mas a humanidade tem caminhado assim há séculos e não dá sinais de que vai mudar.

As mulheres são mais inteligentes do que os homens, mas nem sempre isso é uma vantagem. Às vezes, é o contrário. As mulheres que são bem-sucedidas não apenas profissionalmente, mas também na vida pessoal, são aquelas que conseguem equilibrar sua carreira e seu relacionamento sem estimular o confronto com o outro lado. Se o homem começar a se sentir acuado, naturalmente tentará se libertar. Enquanto houver uma situação confortável, no entanto, ele vai ficar do seu lado, feliz.

Como fazer, então, para que a sua opinião seja ouvida? Aqui vai uma dica: em vez de cartas, sirvam à mesa um belo jantar. No meio da conversa, coloque em pauta a questão que te incomoda tanto – sempre numa boa. Sem confronto, sem culpados. Apenas um bom papo, como vocês tinham no início do relacionamento, quando queriam impressionar um ao outro. Se necessário, usem uma arma infalível: o bom humor. Qualquer conversa durante o jantar fica mais gostosa com uma pitada de bom humor.

O vinho, a comida deliciosa, *Love Supreme*, de John Coltrane, tocando ao fundo... tenho certeza de que antes da sobremesa ele vai te ouvir e não vai nem perceber. Pronto, você conseguiu o que queria. E o que fazer com aquelas cartas que você queria tanto colocar na mesa? Deixe-as guardadinhas no armário, bem lá no fundo. Um dia você se esquece de que elas estão lá.

CASAMENTOFOBIA

Todos nós conhecemos algum caso de casamentofobia. Aquele primo solteirão que fez 48 anos e continua fiel ao amor da mãe. O tio "tigrão", que passa tanto tempo dando rolê pela avenida principal da cidade que preferiu comprar um carrão conversível e continuar morando de aluguel. Aquele amigo baladeiro, que reclama que ainda não achou "a pessoa certa", e por isso marcou encontro hoje à noite para sua 678ª tentativa. E o meu "paciente" preferido: o cara que namora a mesma garota há 17 anos e diz que ainda não se casou porque "precisa conhecê-la melhor".

Aproveito para confessar: já sofri desse mal. Mas, como aquelas doenças que se tornam mais raras à medida que a gente cresce – adultos não costumam pegar catapora, por exemplo –, encontrei a cura pouco antes dos 30 anos. Acho que foi a idade certa para mim, mas é claro que isso depende da pessoa. Como diz o velho ditado chinês: "cada um, cada um". (Quem inventou que há um ditado chinês que diz isso?).

O que descobri sobre a casamentofobia, no entanto, é que é uma doença psicossomática. Ou seja, o mal está na mente... e acaba refletindo no corpo. É por isso que algumas pessoas dizem coisas como "fico todo arrepiado só de pensar em casamento" e "meu estômago embrulha só de me imaginar transando com a mesma pessoa para sempre".

Isso não afeta só os homens, como se pensa. Tem mulher que sonha em partir direto para uma produção independente, acham bonito dizer "meu sonho é ter um filho". Ou seja, querem chegar ao outro lado do rio sem construir a ponte. Claro que dá para fazer, mas lutar contra a correnteza é sempre mais difícil. E eu já aviso uma coisa: se você se casou apenas pensando em ser mãe, mas se esquecendo de que o filho terá também um pai, já começou errado.

É claro que não tenho nada contra os solteiros. É uma época bastante divertida. Mas minha infância também foi ótima, e nem por isso eu saio por aí vestido de *Guerra nas Estrelas* (eu sei, tem gente que sai). A fase de solteiro é maravilhosa, mas pode ser apenas uma fase. Como todas as outras. Querer encurtar ou prolongar demais uma fase da vida é como dar um nó na linha do tempo.

Tomar a decisão de se casar significa aceitar o outro como ele é, mesmo sem concordar com tudo o que ele pensa. Há uma frase que brinca com essa história de mudança da personalidade: a mulher se casa achando que vai mudar o homem; o homem se casa achando que a mulher não vai mudar. Pode até haver uma frágil tensão entre essas duas ideias, mas está longe de ser uma patologia perigosa.

Como qualquer relacionamento, o casamento nada mais é do que um acordo entre duas pessoas diferentes, entre dois pontos de vista diferentes, entre duas vidas diferentes. Graças ao amor, que funciona como uma espécie de cola espiritual, podemos superar essas diferenças e viver em paz, aceitando o outro como ele é, com seus defeitos e idiossincrasias – palavra grega que significa "temperamento peculiar". Mesmo que você tenha um "temperamento peculiar" excessivo, tenho uma boa notícia: casamentofobia tem cura.

COMEÇOS E RECOMEÇOS

Começo, meio e fim. Todo relacionamento tem *começo* (isso é meio óbvio, não?). Alguns deles têm *meio*, o que acontece após um começo bem-sucedido. Quanto ao *fim*, depende de muita coisa para se tornar um *happy end*: há amores que se eternizam, há amores que são infinitos apenas enquanto duram.

Começo e recomeço são etapas da vida interligadas não apenas pela quantidade de letras semelhantes, mas pela profunda necessidade que uma delas provoca na outra. Não, isso não é só jogo de palavras. É que, embora nem todo começo seja um recomeço, todo recomeço... é um começo.

Recomeçar implica "não começar do zero", pelo menos é o que significa semanticamente o prefixo "re". Recomeçar é dar uma nova chance ao que, de certa forma, falhou; é insistir que ali há algo inevitavelmente belo e necessário para se chegar à felicidade. Estou basicamente falando de outra palavra que começa com "re": relacionamentos.

Nem todo recomeço, no entanto, nasce de um fim. Eu sei, soa paradoxal, mas acredito que não é apenas possível, mas essencial, promover recomeços constantes em qualquer relação. Melhorar alguma característica pessoal é um recomeço; apostar na sua intuição é outro. Há muitos recomeços possíveis, todos eles baseados numa única palavra mágica: vontade.

Vontade de recomeçar é o que motiva o recomeço, e não uma pressão abstrata qualquer que vem sei lá de onde. Querer nem sempre é poder, mas querer pelo menos indica que você deseja ir atrás de algo que está faltando. E aí cada um empenha o que acha necessário para atingir o seu objetivo.

Nem sempre as coisas são tão claras, no entanto. Quando se está em dúvida em relação a alguém, dizem que o ideal é colocar na balança os defeitos e qualidades dessa pessoa e ver se vale a pena seguir em frente. O problema é que esses dados nem sempre são tão objetivos quanto a gente precisa. E aí nos vemos obrigados a apelar para outras formas de solução.

Começar um relacionamento é a coisa mais fácil do mundo. Especialmente quando há atração física e intelectual, vontade de ficar juntos. Com o tempo, surgem situações boas (e ruins) que modificam a relação. E aí vemos se o que uniu o casal é forte o suficiente para resistir às novas situações. Se não for, há duas opções: o relacionamento segue o enredo "começo, meio e fim" ou o casal investe num "começo, meio e... recomeço". Depende da vontade de cada um – ou melhor: de cada dois.

DIA DOS NAMORADOS

Os comerciais com Labradores correndo pela praia e casais sorrindo enquanto colocam torradas com margarina um na boca do outro começam a invadir o horário nobre da TV. (Nunca entendi por que esses casais sorriem tanto nessas cenas, será que café da manhã é uma coisa tão engraçada assim?). O que isso significa? Que o Dia dos Namorados está chegando.

O Dia dos Namorados é uma boa oportunidade para esclarecer o tipo de relacionamento que você tem. Hoje em dia, "namoro" é apenas uma das opções do variado cardápio de relacionamentos disponível no mercado.

Por exemplo: não importa o quanto sua mulher reclame, quem é casado não precisa dar presente no Dia dos Namorados. Ponto final. O marido batalhou muito até chegar aqui; aguentou meses de TPM da mulher (Tensão Pré-Matrimônio) durante os preparativos do casamento; bancou gigantescos arranjos de mesa dourados que até hoje não descobriu o que eram ou para que serviam; passou o casamento inteiro sendo beijado por parentes de bigode (homens e mulheres) que nunca viu na vida; aprendeu que em vez de uma, agora tem três mulheres mandando na sua vida (a mulher, a mãe e a sogra). E daí vem um *shopping center* e diz na televisão que você e sua mulher continuam sendo namorados? Simplesmente não faz sentido.

E no caso da amante? Ganha presente ou não? Se o cara é casado e a amante é solteira, ele tem de dar presente, sim. Se a mulher é que é a casada da história, é ela quem tem de dar o presente. Agora, se os dois são casados... em vez de presentes, arrumem um pouco de vergonha na cara.

Presente serve para compensar o sofrimento do outro. Regrinha básica: quanto maior o valor, maior a compensação. Se o seu marido lhe der um anel de brilhantes no Dia dos Namorados, das duas uma: ou você tem muita sorte ou ele tem muita culpa.

Na teoria, o Dia dos Namorados é uma data com muito amor e romance no ar. Na prática, é uma data em que os *shoppings* estão lotados, a dúzia de rosas subiu mais que o dólar e os motéis oferecem filas intermináveis.

As namoradas sempre querem fazer algo especial nessa data. Você pode achar que elas desejam isso para se sentirem amadas e valorizadas. Nada disso. A razão verdadeira é bem menos nobre: elas querem subsídios para contar vantagem para as amigas. O que seria então, do ponto de vista feminino, um Dia dos Namorados perfeito? Vou tentar adivinhar.

Em primeiro lugar, tem que cair no sábado – e de vez em quando cai mesmo. Quando isso acontece, a sorte é dupla: mesmo sem querer, você já começou bem.

Toda mulher gosta de ser acordada com café na cama, mas vamos supor que você não more com sua namorada. O mínimo que você pode fazer é mandar para a casa dela uma cesta de café da manhã acompanhada, claro, de uma dúzia de rosas e um cartão cheio de elogios. Lembre-se de que, como diz o publicitário Washington Olivetto, o cartão é sempre mais importante que as flores. Portanto, esqueça "Feliz Dia dos Namorados" e capriche em uma frase que a remeta a algum momento marcante do namoro; uma música, um filme que vocês viram juntos. Além de ser menos manjado, ela vai achar você criativo.

Sua namorada vai ligar para agradecer, e daí você já engata o convite para o almoço. Escolha um lugar cheio de gente, animado (*hypado*, como se diz em português), para ela ver que você é um cara para cima, que sabe viver a vida. E, pelo menos hoje, esqueça o escorpião que mora no seu bolso e pague a conta sozinho (você não imagina como isso vai ganhar pontos com as amigas dela).

Após o almoço vá ao cinema, programinha leve e romântico (por favor, não leve a garota para ver *A Vingança dos Zumbis Assassinos*). Na sequência, um café, um sorvete ou uma caminhada são maneiras simpáticas de esperar pelo prato principal: o jantar à luz de velas. Se for na sua casa, melhor, para evitar restaurantes lotados. Não sirva nada com alho ou cebola. Nem churrasco, por mais que pareça uma boa ideia. Tem que ser algo leve. E é claro que você já tinha deixado champanhe e morangos na geladeira. O resto é com você.

O Dia dos Namorados mais marcante da minha vida aconteceu em 2000, meu primeiro dia de trabalho em uma redação, no *Jornal da Tarde*, em São Paulo. Enquanto eu fazia matéria sobre a data (ligando para casais, lojas e porteiros de motéis atrás de boas histórias), a TV exibia ao vivo o sequestro do ônibus 174, no Rio. Na redação, eu escrevia sobre um tema leve e divertido; na vida real, um desequilibrado ameaçava vários reféns. Foi a prova mais brutal de que a vida é feita de amor e ódio, equação que hoje em dia infelizmente está pendendo cada vez mais para o lado de lá. Mas a tragédia também prova que a vida continua. E que seria bom sonhar com um Dia dos Namorados feito apenas de amor entre todos nós, casados, amantes, separados, namorados, solteiros. Já seria um bom começo.

DINHEIRO NÃO É DESCULPA

Meus amigos solteiros vão me matar, mas sempre achei que usar o dinheiro como desculpa para não se casar é uma estratégia esfarrapada. Pode ser que algumas mulheres acreditem em histórias como "precisamos esperar o aumento que meu chefe me promete há 18 anos" ou "vamos aguardar a herança do meu tio que mora no Zimbábue", mas acho que isso, em português claro, tem nome: enrolação.

Na verdade, a não ser que você queira gastar uma fortuna numa festa estilo "celebridade por um dia", casar não é tão caro quanto se imagina. Afinal, casamento não é só a festa, certo? Morar juntos, dividir despesas, unir as economias pode fazer a vida ficar até mais barata.

Quer enrolar a mulher mais tempo? Ora, seja honesto e diga "vamos esperar um pouco porque acho que a hora de a gente se casar ainda não chegou". É melhor ser sincero: talvez você esteja falando com a pessoa com quem vai compartilhar seu futuro até que a morte os separe.

Esse papo de custo baixo não se aplica aos filhos, claro. Eles custam caro. Uma vacininha aqui, uma montanhinha de fraldinhas acolá... E filhos são para sempre mesmo – se os jovens ficam mais tempo em casa ou resolvem morar sozinhos com a ajuda dos pais e já adiam seus casamentos hoje em dia, imagine quando seu filho tiver idade para adiar o dele.

Não desprezo a importância do dinheiro na vida (inclusive, se alguém estiver lendo isso e quiser depositar uma quantia na minha conta, fique à vontade), mas acho que o dinheiro deve servir de ferramenta para melhorar a vida, não para piorá-la. Se questões financeiras acabam em briga, simplesmente não discuta o assunto. Mas se dinheiro é um tema que une o casal... abram uma conta conjunta e sejam felizes para sempre.

O que vale dizer é que os investimentos no banco são importantes, mas o que vale mesmo é o investimento que você faz no seu relacionamento. É mais fácil ser feliz morando no hotel Ritz de Paris, mas a verdade é que dinheiro não compra toda a felicidade. Compra, sim, uma festa de luxo no melhor lugar do mundo, mas lembre-se de que essa festa vai durar apenas algumas horas. O que nenhum dinheiro do mundo compra é a vida que começa a partir dali.

DO PRÉ-NAMORO À TPM (TENSÃO PRÉ-MATRIMÔNIO)

A curiosa expressão usada no título deste texto nasceu a partir do comentário de uma amiga, que tentava por vias menos convencionais explicar o tipo de relação em que estava envolvida.

Eu sei, hoje em dia é muito difícil determinar o tipo de relacionamento que se tem. Com exceção dos termos definidos explicitamente pelo Poder Judiciário (solteiro, casado, divorciado, detido para averiguação, sei lá), não nos resta muita opção a não ser imaginar uma definição própria, caso a caso. É sempre bom ressaltar que a outra parte envolvida deve ser informada do *status* da relação, para evitar complicações e cenas indesejáveis.

Voltando à minha amiga, ela disse que estava *pré-namorando* porque não conseguiu encontrar uma definição melhor. Do ponto de vista antropológico/semântico, eu achei superinteressante. Ela ainda não estava namorando, mas já havia saído com o cara vezes demais para considerá-lo apenas um "caso". Portanto, ela estava... pré-namorando. É simples, quase óbvio.

Isso nos leva a um novo patamar de discussão. A partir de quando, por exemplo, alguém está pré-namorando? E quando começaria, então, o namoro propriamente dito?

Sociedades pós-modernas enfrentam esse tipo de situação em várias áreas. Da mesma maneira que expressões maniqueístas ou machistas estão cada vez mais fora de moda, as relações humanas também passam por revisões radicais nunca antes enfrentadas. Nossas bisavós nunca imaginariam que um casal formado por dois homens poderia se casar legalmente e adotar uma criança, o que já acontece no mundo inteiro. Daqui a pouco vão faltar letras no alfabeto para definir todos os sexos que hoje estão englobados resumidamente na sigla LGBTQIA+.

Quando começaria, então, o pré-namoro? Se você sai com alguém três ou quatro vezes, acredito que algum tipo de vínculo está sendo criado. Mas qual? Na terceira vez o cara é apenas um caso e, na quarta, automaticamente ele se transforma em um namorado? Ou será que para isso é necessário pedir a garota em namoro? Lembro que a expressão "pedir em namoro" é algo que faz sentido quando se é adolescente, mas não sei se isso ainda faz sentido depois que a gente começa a fazer a barba.

Talvez seja a hora de voltar a esses tempos, quando as coisas eram mais claras e a gente sabia um pouquinho melhor o que estava acontecendo. Ter um relacionamento já é uma coisa tão complexa que a gente não precisa complicar ainda mais criando expressões novas para as coisas eternas do nosso velho coração.

Até porque esse eventual caso pode virar namoro, e depois virar casamento. Chega então um outro momento: aquele em que o casal tem de lidar com a TPM – Tensão Pré-Matrimônio.

Tenho uma amiga que vai se casar daqui a um ano, mas para ela é como se o casamento fosse amanhã. É claro que não posso mencionar seu nome, sob risco de ser desconvidado para a festa ou, pior, assassinado com um bem-casado envenenado.

A verdade é que todas as mulheres ficam tão nervosas com os detalhes do evento que acabam contraindo o que batizei de TPM: Tensão Pré-Matrimônio.

Para evitar noites sem dormir, o ideal é pagar algum profissional para se preocupar por você. Mas muitas noivas acham que podem dar conta de tudo. Boa sorte... para elas e para os noivos, que vão ter que aguentar a pilha de nervos até a hora do "sim, aceito". Pensando bem, a cerimônia em si é só o começo: ainda tem a lua-de-mel, o álbum do casamento, a filmagem... e as visitas daquela tia solteirona-especialista-em-casamento que vai perguntar 437 vezes se já não está na hora de vocês encomendarem um filho.

Minha amiga foi diagnosticada com Tensão Pré-Matrimônio aguda uma semana depois de marcar a data do casamento. Ela começou a insistir para que eu confirmasse a presença com uma certa antecedência: 11 meses antes, se fosse possível. Eu não sei nem se estarei vivo daqui a uma semana, mas mesmo assim confirmei. Não é bom discutir com uma mulher de TPM.

Para mulheres mais ansiosas, há uma maneira radical de reduzir o tempo de duração da Tensão Pré-Matrimônio: marcar o casamento para o dia seguinte. É um pouco em cima da hora? É. Mas pelo menos você não vai ter que se preocupar com padre, vestido, véu, cabelo, sapato, bolo, lista de convidados e tudo o mais que acompanha a organização de uma festa de casamento. Seguindo essa estratégia, você vai poder se concentrar na única coisa que realmente importa desde o pré-namoro: saber se o futuro marido vai comparecer ao altar. O resto se arruma.

OS ESCUDOS DO DIA A DIA

A definição de escudo no dicionário é, obviamente, bastante objetiva: "uma arma defensiva de metal, madeira ou couro usada para se proteger de golpes inimigos". Ao ler a descrição, logo me vem à cabeça uma batalha sangrenta entre guerreiros da antiguidade, espadas para lá e para cá, barulho de metal contra metal e gritos de horror. Devo ter assistido a muitos filmes quando era criança.

Os "escudos do dia a dia" mencionados aqui, no entanto, estão longe de serem carregados em batalhas. Eles não são como capacetes, armaduras ou espadas. Não são sequer objetos. Estamos no mundo moderno e os escudos que usamos para sobreviver não são reais, mas metáforas das nossas estratégias de proteção.

Há escudos para todos os gostos em nossa sociedade. O silêncio é um deles. É impressionante como tem gente que consegue se defender de praticamente tudo simplesmente ficando calado. Ironicamente, às vezes, a falta de palavras pode exercer um poder mais intenso do que o excesso. Há vezes também em que apenas a expressão do rosto torna as palavras desnecessárias. O silêncio também pode ser usado como fuga, mas aí já é uma outra história.

O contra-ataque é outro escudo muito popular hoje em dia. Soltar um "e você, então?" no meio de uma discussão parece servir para qualquer situação ameaçadora, embora esteja a quilômetros de distância de resolver qualquer problema. Acusar o outro quando sabemos que somos os verdadeiros culpados tem sido uma tática de proteção há séculos.

A ausência é um outro escudo, ainda mais poderoso que o silêncio. Para falar a verdade, os dois andam juntos. Mas a ausência física dói mais, talvez porque seja muito comum confundi-la com covardia. A covardia, aliás, é um escudo usado apenas pelos fracos de espírito.

Mas por que precisamos de escudos? Porque temos sempre algo valioso para proteger. Levantar o escudo quando alguém te ameaça é um gesto instintivo, quase como respirar ou fechar os olhos quando levamos um susto. Só existem escudos no mundo porque sentimos necessidade de proteger quem somos e quem amamos.

O uso de pessoas como escudos, os famosos "escudos humanos", no entanto, é desaconselhável em qualquer situação. Gente que se esconde atrás de terceiros está usando outras pessoas, o que não é justo. Cada um deve usar seus próprios escudos, suas próprias verdades, sem colocar os outros em risco no meio do confronto. Afinal, não há batalhas sem mortos ou feridos.

EU QUERIA SER PETER FRAMPTON

Quando vi o anúncio no jornal do *show* do guitarrista Peter Frampton em São Paulo, quase não acreditei. Tratei de garantir imediatamente um ingresso na primeira fila, ansioso para ver de perto seus solos de guitarra e conferir se ele ainda tocava tão bem quanto no disco *Frampton Comes Alive*, seu maior sucesso.

As luzes se apagam! Frampton entra no palco com sua guitarra Gibson Les Paul preta. Careca e de cavanhaque ralo, está vestido com botas de motoqueiro, calça jeans, camiseta e camisa básica.

Corta.

1980. Tenho dez anos e nunca fui a um *show* de rock. Um colega da minha classe, mais velho, tem duas entradas para o *show* de Peter Frampton. O garoto que iria com ele ficou doente e não poderá acompanhá-lo.

"Felipe, você quer ir ao *show* do Peter Frampton?"

"Quero! Quem é?"

A mãe dele nos leva até o Ginásio do Corinthians. Não conheço nenhuma música de Peter Frampton, mas não importa. O local está lotado de roqueiros mal-encarados e *hippies* com roupas floridas. As luzes se apagam e Peter Frampton entra no palco. Ele é loiro, bonitão, cabelos compridos e cacheados tipo surfista. Tem nas mãos uma guitarra Fender Stratocaster vermelha e branca, linda. O roqueiro usa um camisão sem botões, como um quimono, não lembro a cor.

Estou em êxtase, é o primeiro *show* de rock da minha vida. Frampton toca superbem, como ele pode fazer um som tão legal? Na última música, ele toca um aparelho que soa como se estivesse falando com a guitarra. Ao ver aquele cara loiro, cabeludo, "falando" com a guitarra, decido que quero ser ele quando crescer.

Corta.

Estamos de volta ao *show* do Peter Frampton em São Paulo. Desta vez já conheço bem as músicas (apenas as mais antigas), sei como ele faz aqueles sons tão legais com a guitarra. Apesar de o *show* ser muito bom, não é nenhuma novidade para mim. Já fui a milhares de *shows* de rock. Mesmo assim, é incrível olhar para aquele cara ali e saber que é a exatamente a mesma pessoa que vi há mais de trinta anos no Ginásio do Corinthians. Quer dizer, não sei se dá para dizer que é a mesma pessoa. Nem ele nem eu somos as mesmas pessoas, apesar de termos os mesmos nomes, Peter Frampton e Felipe Machado.

Eu queria ser ele quando crescesse, mas acabei crescendo e virando outra pessoa. Acabei me tornando eu mesmo, por mais óbvio que isso possa soar. Como ser humano, não sou melhor nem pior que Peter Frampton. Sou apenas outra pessoa. Por mais que tenhamos ídolos e modelos de vida, nunca seremos iguais a eles. Somos únicos. Mas como é bom rever os ídolos de infância... é incrível como isso nos ajuda a descobrir quem somos. *Thanks, Peter.*

EU TENHO VERGONHA DOS OUTROS

Você pode até nunca ter ouvido essa expressão, mas tenho certeza de que sabe o que ela significa. "Vergonha dos outros", também conhecida como "vergonha alheia", é aquela desconfortável sensação de constrangimento que nos toma o coração quando vemos outras pessoas passando por situações ridículas.

Vergonha alheia não escolhe vítima: ela pode aparecer graças a algo que aconteceu com nosso melhor amigo ou com um estranho. E nos deixa igualmente mal.

A primeira vez que senti vergonha alheia foi em uma peça de teatro quando eu tinha uns vinte anos. Fui convidado para assistir a um monólogo de um amigo meu, que praticamente havia obrigado os seus conhecidos a comparecer ao espetáculo. Ao chegar lá, porém, descobri que os outros conhecidos dele pelo jeito não eram tão conhecidos assim e que eu seria responsável por metade do público presente – isso sem contar as pulgas, claro.

Ao ver o local deserto, meu peito começou a se encher com um sentimento que misturava pena, desconforto e vergonha por compartilhar a minha condição humana com ele. Olhando para trás, vejo que aquela noite só prestou para uma coisa: servir de inspiração para este texto.

Nascia ali uma emoção nova. Nascia ali a minha vergonha alheia.

Tudo ficou pior quando o ator entrou em cena e viu que só havia duas pessoas na plateia. Meu amigo tentou fingir que o teatro estava lotado, e isso foi tão ridículo que a minha humilde e recém-nascida vergonha alheia começou a se transformar em um monstro gigantesco. Esse monstro invisível chegou a sussurrar no meu ouvido, recomendando que eu me abaixasse entre as cadeiras e rastejasse até a saída. Eu, no entanto, resisti em nome da amizade.

Mas aí as coisas pioraram: eu e o outro coitado da plateia nos sentíamos obrigados a rir de piadas totalmente sem graça, já que meu amigo não tirava os olhos da gente. E nem dava, afinal, ali não tinha mais ninguém para ele olhar.

Após 253 horas (pelo menos foi isso que pareceu), a peça acabou e a humilhante salva de palmas foi o derradeiro momento de vergonha alheia da noite. Se eu estivesse vendo um filme, poderia ter dormido na primeira fila que os atores nem iam ligar. Talvez seja por isso que goste mais de cinema do que de teatro.

Alguns amigos dizem que temos que lutar contra a vergonha alheia, que cada um de nós é responsável por seus atos e que normalmente já perdemos muito tempo nos preocupando com nossa própria vergonha para pensar no constrangimento de terceiros.

É verdade. Mas, enquanto os monstros continuarem ocupando salas de teatro e outros lugares públicos, minha vergonha alheia vai sobreviver. E eu não tenho a menor vergonha disso.

UM HOMEM IRRITADO

Dedicado a Franz Kafka

Tudo começou com "por que você está irritado?".

A pergunta, aparentemente inofensiva, foi a gota d'água e a prova definitiva de que homens e mulheres podem até ter cérebros semelhantes, mas suas mentes nunca serão capazes de se entender completamente. Exagero meu? Vamos ver.

Não vou dizer se a história é real ou não. Deixo você decidir, de acordo com a sua própria experiência. Só peço que, ao final do texto, você produza um veredito 100% honesto.

Eu havia acabado de acordar de uma gostosa soneca vespertina quando ouvi a pergunta que abre este texto: "por que você está irritado?".

Fiquei um pouco surpreso, já que tinha acabado de abrir os olhos. "Eu, irritado? Imagina, eu acabei de acordar, não estou irritado" foi minha primeira resposta. Juro que até sorri com o canto da boca antes de negar a irritação. Pelo jeito, porém, minha declaração não foi suficiente para encerrar o assunto.

"Eu sei que você está. Está na cara. Você pode me dizer por que está tão irritado?".

Juro que não estava irritado. Acredite se quiser, mas eu não tinha por que mentir. Tentei argumentar que havia acabado de acordar, e ainda não havia dito uma única palavra desde então. "Não é possível que eu esteja irritado. Como posso estar irritado, se ainda não abri a boca? Está tudo bem, sério".

"Eu sei que você ainda não falou nada desde que acordou. Não precisa ficar irritado desse jeito".

Acho que foi exatamente nesse momento que comecei a perder a paciência. Estaria eu caindo como um patinho (irritado) em uma armadilha semântica feita exatamente para me pegar?

Comecei a buscar mentalmente um refúgio na literatura. Ainda meio sob o efeito do sono recém-interrompido, me senti entrando na sala de estar de Franz Kafka. Ou em um dos labirintos mitológicos de Jorge Luis Borges.

Talvez seja isso, pensei. Ela quer me transformar em um personagem.

Se eu tivesse sido acusado de ter dito ou feito alguma coisa objetiva, seria fácil provar minha inocência. "Você jogou a TV no chão", ela diria. "Não, não joguei", eu reagiria. Prova: a TV ainda estaria na estante. Ponto final. "Você jogou o controle remoto pela janela". "Não, não joguei". E mostraria o controle remoto para provar o meu ponto.

O problema nesse caso é que não é fácil provar que você está sentindo alguma coisa, ou melhor, que não está sentindo alguma coisa. Ela tinha certeza de que eu estava irritado, eu tinha certeza de que não estava. Mas essa situação começou a me irritar.

E fiquei ainda mais irritado quando ela, ao me ver começando a ficar irritado, falou: "Tá vendo? Eu sabia que você estava irritado".

Nesse momento eu respirei fundo e fui tomar um banho. Quando saí, ela começou a falar sobre o cardápio do jantar, como se nada tivesse acontecido. Vai entender.

Desculpe se você ficou irritado com esse texto. Mas não era para ficar?

UMA DECEPÇÃO NÃO PRECISA SER PARA SEMPRE

Qual é a influência que eventos que marcaram nossa infância tem sobre a gente? Depende, claro. Obviamente não estou falando aqui de nenhum trauma sério, desses que deixam rastros pela vida inteira. Estou imaginando as consequências que pequenas coisas do passado trazem para a nossa experiência pessoal.

Se você fizer essa pergunta a algum psicanalista, pode se preparar para passar os próximos anos da sua vida deitado em um divã ou confortavelmente sentado em uma poltrona moderninha.

Após algum tempo, você vai descobrir que aquilo que você nem lembrava direito que aconteceu tem um efeito determinante em quem você é hoje, para o bem ou para o mal. Como nunca fiz análise, não sei como isso se aplicaria às minhas experiências. Mas sou positivo: acredito que qualquer decepção pode ser superada.

É só a gente querer muito, e lutar por isso. Se eu fizesse análise, contaria para minha psicóloga que, quando eu tinha sete anos, era apaixonado por uma linda garotinha da escola. Ela era um ano mais velha, ou seja, nem sabia que eu existia. Mas sempre fui uma criança paciente, sabia que minha hora ia chegar.

Um dia aconteceu uma eleição, concurso, algo assim. Só sei que por alguma razão eu ganhei e fui eleito o "príncipe" da escola. Você imagina o que isso pode fazer com a cabeça de um pirralho de sete anos?

Acertou. O prêmio me trouxe poder, autoconfiança. Achei que era a hora perfeita para revolucionar minha existência: durante a minha "coroação", tomei coragem e convidei a garota de oito anos para ser a minha princesa. Enchi o peito, agi como se fosse o herói da história da Branca de Neve.

Ela disse não.

Não sei exatamente que tipo de impacto isso teve na minha vida. Provavelmente nenhum, já que a única pessoa que se lembrava disso era a própria garota. Sim, eu a encontrei anos mais tarde, em uma festa. Já éramos adultos, claro. Começamos a conversar, dar risadas e lembrar dos velhos tempos. Alguns dias depois, começamos a sair.

O que dizer desse episódio?

Não gosto de usar a palavra *vingança* porque acho muito forte. Mas confesso que sair com a garota por quem eu era apaixonado quando tinha sete anos teve um gosto especial, como se o Felipe adulto tivesse provado que era possível superar a decepção do Felipe criança.

Lembrei-me dessa história outro dia, nem sei por quê. E sorri, porque vi que coisas que parecem extremamente importantes em algum momento da vida nem sempre resistem ao teste do tempo. Decepções acontecem, mas passam. Ainda bem.

EXTROVERTIDO E INTROVERTIDO

Você já deve ter percebido que não sou psicólogo e que este livro não tem a menor pretensão de apresentar textos baseados em estudos acadêmicos formais. A ideia aqui é conversar com você de maneira informal, de igual para igual. E só.

Como muita gente por aí, no entanto, sou fascinado pelo comportamento humano. E, até por influência de pessoas próximas, me interesso por ideias de pensadores como o suíço Carl Jung, por exemplo. Amigo de Freud e considerado o pai da psicologia analítica, o cara criou inúmeros conceitos incríveis. Um deles sempre me chamou a atenção, por ser extremamente coerente, pragmático e fácil de entender.

É a teoria dos Tipos Psicológicos, que Jung criou em 1921. Segundo o psicanalista, de acordo com a vontade (libido) e energia, as pessoas podem ser classificadas em duas categorias: extrovertidas e introvertidas. Os termos são tão simples que hoje em dia podem ser compreendidos até por crianças – o que prova que a teoria de Jung estava certa. "Quem olha para fora, sonha. Quem olha para dentro, acorda", escreveu.

As pessoas extrovertidas são aquelas que se projetam no mundo exterior, nas outras pessoas e objetos. As introvertidas, pelo contrário, são as que se voltam para dentro, para as ideias, para o *innerself*. Em que categoria você se encaixa?

Não importa. Eu também nunca havia reparado nisso.

Mas, quando ouvi a teoria, passei a prestar mais atenção nas pessoas em volta e vi que ela tem tudo a ver. Tem gente que não vive sem holofotes, que não consegue ficar sem participar de um evento em que duas ou mais pessoas estejam envolvidas. E há os que não estão nem aí para isso, que estabelecem uma atitude mais introspectiva em relação às coisas, uma experiência, digamos, mais íntima do que pública.

Os extrovertidos, então, só querem aparecer? E os introvertidos, são seres egoístas que só se preocupam com a sua própria vida? Nem uma coisa, nem outra.

O que existe, e Jung falava sobre isso, é que casais formados por um indivíduo de cada tipo têm mais chance de dar certo. E é fácil entender por quê... é o que a gente chama de casais que "se completam". Simples assim. É bom ressaltar que não há pessoas 100% uma coisa ou outra. Todo mundo é formado por porcentagens desses dois tipos. Os casais tendem a ajustar suas frações para atingir um objetivo em comum: permanecer juntos.

Isso pode parecer muito teórico, mas não deixa de render uma boa conversa. Os extrovertidos vão adorar discutir o tema diante de uma mesa cheia de gente; já os introvertidos vão passar a tarde pensando e refletindo sobre o assunto. E você, vai fazer o quê?

PESSOAS ABERTAS E FECHADAS

Você deve ter achado o título deste texto meio estranho. Afinal, pessoas não são esfirras, para serem divididas entre "abertas" e "fechadas". Na verdade, pensei nesses adjetivos como metáforas para classificar pessoas solteiras e casadas. Por exemplo: se um cara é solteiro, ele seria uma pessoa aberta. E, se ele é casado, seria uma pessoa fechada. No mundo absoluto, não existe alguém meio solteiro ou meio casado, assim como não existe mulher meio grávida.

O problema é que o mundo não é absoluto, pelo menos não como acontece no universo da comida árabe. A meu ver, há dois tipos de solteiros, assim como pode haver dois tipos de casados, embora a diferença seja difícil de detectar aos olhos menos treinados. Isso provavelmente atrapalharia a escalação daqueles típicos times de futebol perna-de-pau, geralmente divididos em "solteiros de um lado, casados do outro". Mas não importa: não vejo problema em que se crie um terceiro ou quarto time (Casados 1 e 2, Solteiros 1 e Solteiros 2), dispute-se um campeonato... e que vença o melhor.

Espera aí, solteiro 1 e 2? Casado 1 e 2? Quem são? Vamos por partes, como diria Jack, o Estripador. No primeiro time, eu escalaria os solteiros convictos. Não é difícil reconhecê-los: são aqueles caras que saem com uma garota um dia, com outra no dia seguinte, e por aí vai. Eles estão apenas se divertindo e não querem nem pensar em compromisso. Esse tipo de solteiro pode até ter um comportamento meio egoísta, mas ninguém pode obrigá-lo a contrariar a sua própria natureza. Como é possível obrigar o cara a se apaixonar por alguém? Ou, ainda pior, como é possível obrigá-lo a jogar no time dos casados? Talvez isso ainda aconteça em algumas cidades do interior, locais onde os pais das garotas têm um poder bem maior de... digamos, "persuasão".

Mas, no mundo real, dificilmente alguém deixa de ser solteiro por influência externa. E esse tipo de solteiro é assim: ele está convicto de que não quer deixar de ser solteiro. Há, no entanto, outro tipo de solteiro, que chamarei de solteiro circunstancial. Ele não é solteiro, ele está solteiro. Pode parecer apenas um pequeno detalhe semântico, mas há uma gigantesca diferença conceitual entre um e outro.

O solteiro circunstancial quer deixar de ser solteiro. Ele só não deixou de jogar no time dos solitários por uma simples razão: ainda não encontrou a pessoa ideal.

À primeira vista, ele pode confundir algumas garotas, já que também pode sair com uma delas em um dia e com outra no dia seguinte. É complicado. Mas esse tipo de solteiro tem algo que o diferencia: ele está à procura de alguém, ele quer encontrar alguém. Ele não quer ser solteiro. Só isso.

Dá para ir mais longe seguindo esse mesmo raciocínio. Dá para dizer que também existe um mundo de casados 1 e 2, ou seja, fechados e abertos. Os adjetivos que diferenciam as pessoas fechadas das abertas dizem respeito ao estado do coração de cada um de nós.

Para tornar as coisas mais didáticas, vamos usar um exemplo do dia a dia. Pagar uma conta no banco, por exemplo. Digamos que um cara está na fila esperando para ser atendido pelo caixa. De repente, entra pela porta (giratória) uma mulher bastante interessante e vestida de maneira provocante. Ela se posiciona na fila logo atrás do nosso exemplo. É aí que descobrimos a diferença entre pessoas fechadas e abertas.

Se esse homem fosse uma pessoa aberta, cederia seu lugar à bela mulher em um gesto de educação. Ela daria um sorriso e, se também fosse uma pessoa aberta, poderia agradecer puxando uma conversa. "Fila de banco é chato, não?", diria a mulher. "Nem me fale. Mas, agora que você chegou, eu não me incomodaria de passar o dia inteiro aqui", poderia responder o cara.

Não sabemos o que aconteceria a partir daí, mas você entendeu. Vejamos agora o mesmo caso se as duas pessoas fossem fechadas:

A mulher entra pela porta giratória. O cara está com pressa e nem pensa em ceder o lugar. Ela entra na fila atrás dele. Ele dá um sorrisinho amarelo; ela responde com um sorriso da mesma cor. Ele paga as contas e vai embora. Ela paga as contas e vai embora.

O exemplo poderia valer para homens ou mulheres, tanto faz. Pessoas abertas são solteiras, obviamente, e pessoas fechadas estão comprometidas – casadas, noivas, namoradas, sei lá. Mas por que chamá-las, então, de abertas e fechadas, em vez de usar os termos mais comuns? Porque, ao contrário do que se possa imaginar, também há casos de pessoas casadas abertas e pessoas solteiras fechadas.

É possível confundir os tipos de solteiros e os tipos de casados, assim como é possível confundir pessoas fechadas e abertas. Pelo lado de fora, são todos parecidíssimos. Mas são diferentes por dentro, e aí os parceiros do sexo oposto têm que depender da própria sensibilidade para reconhecê-los. É uma tarefa árdua, mas pode valer a pena.

O estado de espírito é mais importante que o estado civil. Depende da predisposição de cada um para conhecer alguém novo; depende da vontade de virar ou escrever uma nova página de vida. O que importa, mesmo, é ser verdadeiro em relação ao seu coração. Esteja ele aberto ou fechado.

PEQUENO DICIONÁRIO MASCULINO-FEMININO

Uma mulher parada em frente a um guarda-roupa aberto: está aí uma cena do comportamento humano que homem algum jamais vai compreender. O que se passa na cabeça dela nesse momento mágico?

A maneira como uma mulher escolhe a roupa é um dos mistérios do universo. Outro fato que nunca será explicado é o costume da mulher de sempre escolher primeiro a roupa que não vai usar. É por isso que ela nunca sai de casa com a primeira roupa que experimenta. Mas não são apenas os hábitos femininos que parecem estranhos aos homens. Todo mundo sabe que homens e mulheres não falam a mesma língua.

Não, não estou falando de um eventual diálogo entre o cara que nasceu na China e a garota que nasceu na Rússia. Isso seria uma coisa um pouco mais óbvia. Estou falando de gente que deveria, na teoria, se entender, mas que não consegue se comunicar, por diversas razões. Para ajudar as mulheres em situações específicas, elaborei um pequeno dicionário de expressões masculinas. Recomenda-se recortar este texto e carregá-lo na bolsa, para consulta em situações de emergência.

Expressão: "O problema não é você, sou eu".

É usada para: pôr um ponto final no relacionamento.

Tradução: "O problema não sou eu, é você".

Obs.: Assumir a culpa, ao contrário do que pode parecer aqui, não é prova de coragem. Homens são covardes. Mentir que a culpa é nossa é só um ato de misericórdia antes de empurrar a mulher para um abismo emocional.

Expressão: "Eu quero... mas não sei se devo".

É usada para: justificar um recuo estratégico.

Tradução: "Eu não devo... mas também não quero".

Obs.: Culpar a moral e os bons costumes por algo que a gente não quer fazer é a maneira mais fácil de iludir uma mulher. E ela até sairá por aí elogiando o seu caráter.

Expressão: "Eu? Claro que não tenho namorada. Apenas uns casos por aí".

É usada para: enganar uma mulher solteira.

Tradução: "Namoro há oito anos e meio, mas quero ficar com você hoje à noite".

Obs.: Trair a namorada é sinal de falta de caráter. E contra isso ainda não se inventou nenhum remédio eficiente.

Expressão: "Não se preocupe, prometo não contar para ninguém".

É usada para: convencer uma mulher minutos antes da primeira transa.

Tradução: "Não vejo a hora de contar que fiquei com você para meus amigos".

Obs.: Alguns homens não entendem qual é o objetivo de transar se não puderem contar para ninguém.

Expressão: "Vou jogar futebol com os amigos".

É usada para: passar a noite falando mal das mulheres.

Tradução: "Vou jogar futebol com os amigos".

Obs.: É raro, mas às vezes os homens dizem exatamente o que pensam.

VINGANCINHA E AMEACINHA

Diz o ditado popular que a vingança "é um prato que se come frio". Por outro lado, há um sentimento parecido, mas que se come quente, bem quente: a vingancinha.

A vingancinha, para quem ainda não reconheceu, é aquela pequena vingança do dia a dia. Se reservamos a vingança para os inimigos, guardamos carinhosamente a vingancinha para pessoas que a gente ama.

Há vários graus de vingancinha. Uma vingancinhazinha, por exemplo, às vezes pode até passar despercebida. Já uma vingancinhazona caprichada pode provocar um terremoto emocional.

É difícil controlar a vingancinha. Parece que ela cria vida própria quando a gente menos espera, quando a gente menos precisa. Ninguém está imune: nem as pessoas com enorme coração. Linda e falsamente ingênua, a estrela do filme *V de Vingança*, Natalie Portman, também seria perfeita para interpretar o papel principal no filme *V de Vingancinha*.

Vingancinhas são pequenas ações deliberadamente maldosas provocadas por ações supostamente maldosas. Se ela implicou com você no café da manhã, é provável que você se "esqueça" de passar no supermercado antes de ir para casa. Agora, se você passou o domingo vendo futebol, as chances de encontrar sua camisa favorita na segunda-feira tornam-se, digamos, remotas.

Há milhões de exemplos, todos sem consequências graves. São leves beliscões psicológicos que não chegam a doer, mas também não passam despercebidos. De tanto ser beliscada, a alma vai se acostumando.

Minha opinião é que isso nunca vai mudar. Quando se sente prejudicado, o ser humano busca alguma compensação para equilibrar o jogo. Só acho que há um risco real nesse comportamento: a possibilidade de que uma vingancinha inofensiva desencadeie uma série de vingancinhas ofensivas. E aí o bicho pega.

Lembre-se disso antes da sua próxima vingancinha. Vamos lá, não é tão difícil. É só pensar duas vezes antes de agir. Por tudo que vocês já passaram e superaram juntos, por todas as coisas que ainda viverão juntos. Não jogue tudo para o alto por causa de uma vingancinha. Ela pode ser a gota que falta num copo prestes a transbordar. Como a vingancinha é um prato que se come muito quente, há sempre o risco de você queimar a língua.

Já a ameacinha é uma espécie de irmã mais nova da vingancinha. Se algum dia você já disse ou ouviu a frase "você vai ver…", então sabe do que eu estou falando. Fazer ameacinhas é de uma pobreza de espírito gigantesca, mas nem a pessoa mais boazinha do mundo está a salvo dessa maldição. Eu sei, é quase instintivo. Como nosso corpo faz qualquer coisa para se proteger, podemos sempre culpar nossos genes por esse tipo de comportamento. E, se a ameacinha não resolver, há sempre uma vingancinha virando a esquina, prontinha para atacar.

É bom ficar claro que, do mesmo jeito que a vingancinha não é uma vingança, a ameacinha não é uma ameaça. A ameacinha é uma tentativa infantil de se conseguir algo fútil que se deseja. Mas há um paradoxo bastante profundo por trás dessa doce paranoia: se você precisa fazer uma ameacinha, provavelmente aquilo que você deseja manter já está perdido há muito tempo. Ameacinhas do tipo "você vai ver" são o tipo mais rasteiro dessa técnica rasteira de persuasão. Há variações bem mais complexas – e idiotas ao mesmo tempo – como a famosa "se você fizer isso, eu faço aquilo". Dizem que ameacinhas não levam a lugar nenhum, mas eu discordo: elas te levam sempre a algum lugar – pena que é um lugar horrível para qualquer relacionamento.

Se eu fosse dar um conselho, diria para você não perder tempo fazendo ameacinhas – muito menos revidando. Porque essas ameacinhas têm um lado que as pessoas não gostam muito de lembrar: elas têm que ser cumpridas – e é por isso que se tornam tão perigosas. Se você faz uma ameacinha e cumpre, transforma o outro em refém e legitima um poder que você não imaginava ter (e que será indubitavelmente usado novamente para o mal).

Vamos supor, no entanto, que você faz uma ameacinha e não cumpre. Na próxima vez, essa ameacinha terá que ser maior ainda, e provavelmente nem será levada a sério. E aí cria-se um diabólico círculo vicioso. Por isso, desista das vingancinhas e ameacinhas. Se você não fizer isso... você vai ver.

FALHA NA COMUNICAÇÃO

É incrível ver como boas histórias nascem de onde a gente menos espera. Outro dia foi a vez de aprender com um menino que vende balas no farol sobre a importância do diálogo para um casal.

Sabe aqueles pacotinhos de bala que vêm com mensagens grampeadas? Pois é, eu odeio aquilo. Os caras andam pela rua, deixam os saquinhos pendurados no retrovisor do seu carro e saem correndo para recolher tudo de volta. Para quê? Será que alguém compra essas balinhas? Ou o caso é uma versão pós-moderna-capitalista-selvagem do mito de Sísifo?

O garoto deixou o saquinho no meu retrovisor e saiu correndo. Essas mensagens são sempre frases de autoajuda ou trechos de algum livro do Paulo Coelho, mas aquela era diferente: "Diga às pessoas que você ama como elas são importantes para você".

Achei tão legal que até pensei em comprar as balinhas, mas o farol abriu e minha pressa pisou no acelerador (o garoto pegou o saquinho de volta antes, claro). Fiquei, porém, com a frase na cabeça. Era uma ideia tão simples e tão bonita...

Cheguei no trabalho, cantarolei a velha canção do Stevie Wonder (*I Just Called to Say I Love You*) e liguei para a minha namorada.

"Olá, tudo bem? Só liguei para dizer que eu te amo".

"Oi, estou meio ocupada agora... Você ligou por quê?".

"Liguei só por isso mesmo. Para dizer que eu te amo".

"Como assim, pode me contar direito essa história! O que você quer dizer com isso? Aconteceu alguma coisa?".

O resto do diálogo vocês podem imaginar. Ela só sossegou quando contei a história do farol: até então, ela tinha certeza que eu estava tentando me livrar da culpa por ter feito algo errado.

Minha história, no entanto, não é tão ruim quanto outra que imaginei outro dia: um casal começou a trocar mensagens em uma comunidade do Facebook (sem o cônjuge saber, claro) onde participavam com perfis falsos. Como tinham coisas em comum, começaram a trocar mensagens de texto *inbox* e se apaixonaram. Até que combinaram um encontro em um restaurante, pessoalmente. Quando chegaram lá...

O casal se separou, mas talvez o mais correto seria que os dois se abraçassem, pedissem desculpas duplas e recomeçassem a vida do zero. Desta vez, porém, como se fossem os personagens virtuais tão sedutores que mentiam ser. Seria uma bela lição de vida.

Temos que aceitar, no entanto, que as facilidades criadas pelo mundo digital provocaram uma revolução nos relacionamentos. Lembram quando diziam que a evolução tecnológica teria como efeito colateral o isolamento das pessoas? Que pensamento mais "século 20", não? Está mais que provado que os relacionamentos se adaptam à cultura que os cerca. E, nos últimos anos, nenhuma máquina aproximou (e afastou) tanto as pessoas quanto o celular. O celular, aquele pequeno aparelho que aproxima quem está longe e afasta quem está perto, é uma máquina de sedução virtual.

O celular e a internet facilitaram tanto a vida que hoje só fica sozinho quem quer. Até pouco tempo, só existia a sedução *vintage*: uma bela lábia e algumas doses de álcool para tomar coragem eram suficientes para abordar uma desconhecida num bar ou numa balada. Hoje, qualquer perfil no Instagram pode encurtar o caminho até o quarto.

Os populares aplicativos de relacionamento também já são tão comuns que ninguém mais acha estranho conhecer alguém pela internet. Uma amiga minha conheceu um cara pela internet e se casou. E o WhatsApp? É perfeito para diálogos sem rodeios. Você digita "e aí, sumido, lembra de mim?" e a resposta vem cinco segundos depois: "da minha casa ou da sua?". Só que a internet também nos deu, como efeito colateral, plataformas para os chatos que antes só incomodavam os amigos mais próximos. Para quem posta textões nas redes sociais, por exemplo, tenho apenas uma dica: quer fazer literatura, vá escrever um livro.

Apesar de tudo, é bom lembrar que o celular e a internet são apenas ferramentas que podemos utilizar, entre outras coisas, para a conquista virtual. Ainda não existe amor virtual, pelo menos ainda não vi ninguém anunciando isso no Twitter. O que temos, por enquanto, é o amor real. O contato dos dedos com as teclas será sempre muito, muito pouco. Felizmente ou infelizmente, vivemos, cada vez mais, um mundo onde não há espaço para mensagens de papel grampeadas em embalagens de balinhas no farol. Teremos que descobrir novas maneiras de aprender com histórias que nascem de onde menos se espera.

QUANDO O AMOR ACABA

De repente, a mulher tão familiar que está na frente dele do outro lado da mesa do restaurante se transforma numa desconhecida. Em um estalo de dedos, anos de convivência se apagam completamente, como se um gigante tivesse passado uma borracha no álbum de fotos criado pela memória dos dois. O rosto dela lembra vagamente alguém que ele conheceu há muito, muito tempo, mas aquela pessoa já não está mais ali. Se clones humanos existissem, a pessoa do outro lado da mesa do restaurante certamente seria um deles.

O mal-estar é recíproco, mas de natureza diferente. Ao contrário dele, ela sabe muito bem quem está na sua frente – bem até demais. Ela sabe que o que está sendo prometido nunca será cumprido; sabe também que a voz dele diz uma coisa, mas a realidade do cotidiano diz outra. Se houvesse uma máquina capaz de traduzir a alma desse homem, aí talvez ela pudesse acreditar no que ele está dizendo. Nessa noite, porém, as palavras soam mais uma vez como sons sem sentido, frios como os copos intactos sobre a mesa do restaurante.

Dizem que as mulheres se casam imaginando que vão mudar os homens; os homens se casam acreditando que as mulheres não vão mudar. Mas a verdade é que as coisas mudam, mas as pessoas, não. Por que, então, esses dois insistiram tanto tempo e esforço no amor? Porque é da natureza humana. Porque é da inevitável e desumana natureza humana.

Ao contrário do que dizem os poetas, amor acaba, sim. Não há nada de romântico nisso, apenas uma verdade pragmática e palpável. Se você tem apenas um copo d'água para beber, é bom saciar a sede antes de o copo ficar vazio. Às vezes apenas esse copo é suficiente, mas há ocasiões em que nem todos os mares do mundo podem acalmar seu coração.

Então é isso. Fim.

Quando o amor acaba, o monstro que estava escondido debaixo do tapete da sala acorda e domina rapidamente o apartamento. Frases que nunca deveriam ter sido sequer pensadas são pronunciadas com a determinação dos carrascos. Não se pode atravessar uma ponte que foi queimada; com as palavras acontece a mesma coisa.

Agora os dois se olham e sabem que não têm mais o que fazer. Dentro deles há uma dor contínua, uma tristeza que sai pelos olhos. Os dois corações estão vazios, porque no lugar daquele amor todo agora não existe nada. E a vida segue assim, imperfeita.

PERSONAGENS DO DIA A DIA

O HOMEM-COXINHA

Poucas expressões definem tão bem seus objetos de análise quanto a que classifica um cara arrumadinho como homem-coxinha. Existem outros termos que definem o mesmo estilo de homem, como "almofadinha" e "mauricinho", mas "coxinha" é o meu preferido. Por quê? Porque é mais humilhante para os coxinhas.

O coxinha de hoje está para o almofadinha assim como a popozuda está para a mulata. O coxinha é o almofadinha globalizado. Em vez de relógio de corrente no bolso, o coxinha é um almofadinha com relógio, corrente e celular de última geração no bolso.

Se você ainda não entendeu direito o que é um coxinha, imagine a cena: um casal faz amor debaixo de lençóis de algodão egípcio em um hotel cinco estrelas da cidade. Quando a coisa começa a esquentar, o homem interrompe o ato para enxugar o suor da testa com um lencinho deixado sobre o criado-mudo. Esse cara é um coxinha.

O coxinha também adora esportes, mas prefere aqueles que não exigem muito esforço para não desarrumar o cabelo. Futebol? Muito vulgar. Tênis? Talvez. Coxinhas gostam de tênis porque outras pessoas podem correr para eles – os garotos que pegam as bolinhas são os verdadeiros esportistas na quadra. Os coxinhas gostam de tênis porque podem enxugar o rosto a cada vinte segundos e o juiz fica numa cadeirinha com guarda-sol, como se fosse um salva-coxinhas. Normalmente o juiz de um esporte acompanha os jogadores, mas, no tênis, até o juiz é coxinha.

O esporte preferido do coxinha, no entanto, é mesmo o golfe. Golfe é um esporte para quem não quer se exercitar. Você anda de carrinho de um lugar para o outro e bate papo sobre as ações da bolsa. Um esporte em que os jogadores conversam sobre amenidades durante o jogo não deveria ser considerado um esporte, mas vá lá. O verdadeiro objetivo do golfe não é ganhar o jogo, mas ganhar dinheiro – bem, está aí uma atividade física que o coxinha sabe fazer muito bem... Na verdade, golfe só é considerado um esporte porque os coxinhas se reuniram e e-xi-gi-ram isso do Comitê Olímpico. O *lobby*-coxinha é forte. O próximo passo desses lobistas impiedosos é conseguir que a peteca seja considerada "atividade física moderada".

O homem-coxinha, ao contrário do que o nome pode indicar, não come coxinhas. Não, não estamos falando de canibalismo nem de homossexualismo, mas daquelas coxinhas de frango que a gente encontra em boteco, mesmo. Coxinha que é coxinha, inclusive, não vai a boteco porque acha tudo muito gorduroso (a comida e o boteco). Prefere um filezinho de peixinho grelhadinho com saladinha, acompanhado por um belo vinhozinho Chardonnayzinho francês.

Apesar de toda essa crítica, admito que tenho amigos coxinhas muito legais. No fundo, bem atrás daquele jacarezinho verde da camisa polo, escondem-se grandes corações. Arrisco até a dizer que dentro de todo coxinha mora um espírito primitivo, selvagem, um super-herói esperando a hora de se libertar. Para isso, ele só precisa vestir o uniforme do Super-Coxinha: bermudinha bege, sapatinho mocassim sem meia... e, em vez da capa, um suéter rosa em volta do pescoço.

A MULHER-CORPORATIVA

Ela não é um bicho-papão, mas também faz os homens morrerem de medo. Quem a vê de longe acredita que ela está sempre sorrindo. Mas quem está perto daqueles lábios desenhados pela MAC percebe que suas palavras são bastante duras – e geralmente formadas por expressões em inglês. No exterior, aliás, ela é conhecida como MBA Woman. Aqui, é a Mulher-Corporativa.

A Mulher-Corporativa é uma funcionária-mais-que-padrão que veste a camisa da empresa – até por baixo do *tailleur*. Ela é fácil de reconhecer porque só usa um figurino branco e preto, chique e sem graça. Acredita que cores são para garotas fúteis e podem ser uma distração no caminho do seu objetivo máximo: agregar valor à própria vida. Aliás, a Mulher-Corporativa não tem uma vida. Tem uma carreira.

Apesar de desejada, a Mulher-Corporativa não namora: estabelece *cases* de relacionamento. Ela também não manda mensagens de amor – prefere enviar seus sentimentos mais nobres detalhados em planilhas. Quando sai para um *happy-hour* com as amigas, a Mulher-Corporativa nunca está *happy*. Acha que é perda de tempo. Ela nunca está interessada em conhecer gente nova, mas às vezes aceita prospectar futuros parceiros pessoais para uma intensa convivência social. Quando isso acontece, porém, nunca dura mais do que os três meses de experiência.

"Oi, querida. Tudo bem?".

"Precisamos marcar uma reunião para discutir o futuro do nosso relacionamento".

"Por mim, tudo bem. Você quer sair para jantar?".

"Acho que isso não será necessário. Quero lhe comunicar que nosso namoro acabou. Passe lá em casa em horário comercial para entregar suas chaves e pegar suas coisas pessoais com a funcionária responsável, a Zulmira".

"Oi?".

"Nosso relacionamento não atingiu as metas preestabelecidas. Eu tinha planejado me casar após três meses, mas já estamos juntos há quatro e você não apresentou nenhum avanço nessa área".

"Mas... e o nosso amor?".

"Amor? Isso é algum KPI? Não me lembro de ter visto isso no nosso *dashboard*".

"Sei lá, esse sentimento que temos um pelo outro...".

"Desculpe, mas não costumo trabalhar com conceitos subjetivos. Passe bem".

Se você conhece uma Mulher-Corporativa, torça para que ela não vire sua chefe. Agora, se você estiver em um relacionamento com uma... pense bem se não é hora de pedir demissão.

A TRIBO DOS NEUTROS

Há muitas tribos por aí: metaleiros, punks, patricinhas, playboys, hipsters.

A mais numerosa delas, no entanto, nunca aparece nessas estatísticas – até porque quase ninguém presta atenção nessa turma. Eles são a Tribo dos Neutros.

Os Neutros são aquelas pessoas que não fazem parte de nenhuma tribo específica. Mas isso não nos impede de classificá-los como uma tribo, muito pelo contrário. Os Neutros são a tribo mais poderosa e numerosa do mundo.

Eles são aqueles caras que lotam um *show* de sertanejo na sexta-feira e no sábado à noite já estão dançando loucamente em alguma festa de música eletrônica. É isso que os faz tão poderosos: para eles, tanto faz. O conceito de "gosto" dos Neutros é bastante elástico: como não gostam de nada, podem gostar de tudo.

O Neutro é um ser tão astuto que até seu figurino é pensado estrategicamente para passar batido. Ele é tão esperto que muda de acordo com a moda vigente. Por exemplo, um Neutro hoje se veste basicamente com calça-bege-camisa-azul-sapatos-marrons. Quantos caras que você conhece usam isso todo dia? Exatamente. Eles estão em toda parte.

Os Neutros também podem ser considerados os responsáveis pelos fenômenos da cultura de massa. Paulo Coelho, por exemplo, só virou esse sucesso todo quando caiu nas graças dos Neutros. No cinema, os Neutros não gostam de filmes autorais como os de David Lynch ou

Martin Scorsese... mas dá uma olhada no que eles fizeram com *Titanic*. Neutros transformam filmes medíocres em grandes sucessos.

Por ironia ou destino, os Neutros também podem ser responsáveis por grandes revoluções. Sim, porque a falta de opinião acaba transformando essa turma gigantesca naquilo que os sociólogos chamam de "massa de manobra", um jeito deselegante de classificar os simpáticos Neutros. Um apelido mais carinhoso e antiquado seria "Maria vai com as outras", imaginando hoje que as Marias podem ser "Marias", mesmo, "Joãos", ou alguma outra variável entre esses dois extremos.

Neutros costumavam ser influenciados pelo que no passado se chamava de "mídia", ou seja, um termo mais abrangente para os veículos de comunicação. Hoje os Neutros se pautam muito pelo que veem nas *timelines* de suas redes sociais, o que nos permite dizer que os Neutros são, basicamente, seres influenciados por outras tribos de características mais específicas.

Preste atenção na próxima vez que você der de cara com um Neutro. Ele provavelmente vai tentar te converter com algum convite típico, como um "*happy-hour* na Vila Madalena", uma "balada na Vila Olímpia", ou um "domingo no Parque do Ibirapuera". Recuse educadamente. Os Neutros gostam de ir sempre a lugares com grandes concentrações humanas. Em primeiro lugar, porque elas legitimam suas escolhas; em segundo, porque é sempre mais fácil desaparecer na multidão. Para os Neutros, quanto mais espremidinhos e juntinhos, melhor. Por isso, na próxima fila que você for obrigado a enfrentar, cuidado: a qualquer momento os Neutros podem tentar roubar a sua personalidade.

O *PERSONAL SUPERMARKETER*

Se tem uma coisa que eu acho chato na vida é fazer supermercado. Não sei se isso acontece com todos os homens ou se é um problema só meu, mas tenho calafrios toda vez que encontro uma lista de compras em cima da mesa da sala. Isso significa que uma das datas mais temidas do meu calendário está prestes a chegar: o dia da "compra do mês".

Considero um supermercado um inimigo e, antes de entrar, costumo dizer: "você não gosta de mim e eu não gosto de você, então vamos acabar logo com isso". Os caixas me olham estranho quando me veem fazer isso, mas eu não ligo. Supermercados me irritam por várias razões. A principal delas é que a maldita "compra do mês" me obriga a passar horas perdido em um labirinto de corredores onde nunca consigo encontrar tudo aquilo que estou procurando.

Sou obrigado, então, a perguntar onde ficam os biscoitos para uma daquelas funcionárias de 14 anos que andam de patins pelo supermercado. "Na prateleira de biscoitos", ela responde. Não sei se é ingenuidade ou se é para me irritar ainda mais. Só sei que tenho vontade de dar um empurrãozinho só para vê-la se esborrachando com os patins na seção de enlatados.

Quem faz a minha lista de compras é a Antônia, que trabalha lá em casa. Gostaria que ela fosse mais específica, mas ainda não consegui. Para um cara sem noção das necessidades domésticas como eu, pequenos detalhes ajudariam, por exemplo, a entender a diferença entre desinfetante e detergente. Melhor ainda seria se essa lista viesse com foto, número de série, cor e, se possível, a geolocalização do produto na prateleira. Do contrário, como posso adivinhar qual amaciante deixa a minha roupa mais macia? O modelo "magia" ou o "harmonia"? O "bem-estar" ou o "natureza"? O "pureza" ou o "vida melhor"?

Outra coisa de que não gosto na lista da Antônia é que ela não segue uma certa lógica. Coisas que estão dispostas no mesmo corredor, por exemplo, ficam em pontos diferentes da lista. O primeiro item da lista é leite; o último é iogurte. Como gosto de seguir a ordem cronológica (para não me perder ainda mais), acabo caminhando inutilmente uma distância equivalente a uma maratona. "Pelo menos assim eu emagreço", penso eu, antes de colocar no carrinho o pacote de batata frita congelada com bacon.

A lista da Antônia traz também itens incompreensíveis para o meu cérebro limitado. "Carne", por exemplo. Como assim? Uma bisteca de 18 kg ou um saquinho de carne moída? Carne é tão subjetivo quanto "frutas", outro item da lista. Como nunca sei que frutas devo comprar, compro todas. E para não parecer que sou 100% leigo no assunto (o que eu sou, claro), fico lá, apalpando uns mamõezinhos na frente de um monte de estranhos. Imagina só, uma coisa tão íntima... O mais curioso, nesse caso, é que aperto os mamõezinhos só para parecer que sei o que estou fazendo, mas na verdade não sei se o certo é comprar os mais moles ou mais duros. Na dúvida, compro um de cada. Se o *personal trainer* é uma coisa normal, não sei por que ainda não inventaram o *personal supermarketer*.

O que mais tenho raiva, no entanto, é tirar as compras do porta-malas do carro e dar de cara com aquele cartaz acima do carrinho de supermercado: "olá, meu lugar é na garagem". Como assim, alguém acha que meu humor vai melhorar porque o carrinho está me dando "oi"? Na próxima vez que eu encontrar uma lista de compras em cima da mesa, vou amassar e deixar outra no lugar com letras garrafais: "meu lugar é no sofá da sala".

O CASAL-NADA

Você já deve ter ouvido falar do "casal-neuras" e do "casal-20", mas aposto que você nunca ouviu comentários sobre um casal tão discreto que costuma passar despercebido: o "casal-nada".

O casal-nada entra no restaurante torcendo para a conta chegar logo e eles poderem ir embora para fazer nada em casa. Como não têm muito a dizer um ao outro (nada, na verdade), costumam pedir a sobremesa antes mesmo de as bebidas chegarem. Quando vão a um restaurante japonês, sentam-se no balcão por duas razões: para não precisarem olhar um para o outro e para poder puxar papo com o *sushiman*. Às vezes, dão azar e encontram um daqueles *sushimen* japoneses caladões: inevitavelmente o jantar termina ainda mais rápido.

O casal-nada adora viajar, mas passa o tempo todo tirando fotos que nunca serão vistas por ninguém – nem por eles mesmos. Alguns têm filhos, outros não, mas isso não importa: a falta de assunto é sempre a mesma.

Por que o casal-nada se casou? Nem eles sabem. Saíram uma noite com os colegas da faculdade e alguém brincou que os dois tinham coisas em comum: eram inteligentes, não falavam muito, tinham poucos amigos. Eles concordaram e começaram a namorar. Namoraram, namoraram, de repente a mãe dela sugeriu que estava na hora de eles se casarem. Eles também concordaram. E foi isso.

Os dois não são apaixonados um pelo outro, mas também não se odeiam. Na verdade, não sentem nada não apenas um pelo outro, mas por nada em especial de que se lembrem. Ele gostava de futebol, mas ela odiava e ele abandonou. Ela começou a pintar umas cerâmicas, mas ele achava que aquilo fazia muita bagunça. Ela desistiu e nem sentiu falta.

Os dois abandonaram seus sonhos, mas em troca de quê? Agora, sentados em silêncio no restaurante mais caro da cidade, pensam na vida que não tiveram, mas que poderiam ter tido. O silêncio incomoda mais que uma orquestra tocando dentro de seus ouvidos, mas eles não se importam. Há muito tempo não se importam com nada. Talvez seja por isso que se tornaram... um casal-nada.

Se você conhece um casal assim, convide-os para sair. Puxe papo. Ligue de vez em quando. Na terra do casal-nada, ter amigos é tudo.

AS MAGRAS PROFISSIONAIS

O pai da psicanálise, Sigmund Freud, elaborou uma questão que atormentou os homens durante décadas: afinal, o que querem as mulheres? Eu mesmo passei uma grande parte da vida tentando encontrar essa resposta. Finalmente acho que descobri. As mulheres não querem um amor perfeito, as mulheres não querem um príncipe encantado, as mulheres não querem o George Clooney: as mulheres querem ser magras.

Sem querer ser egocêntrico, mas no meu papel de homem eu sou obrigado a perguntar: já passou pela cabeça de você, mulher, uma questão semelhante? Você já perdeu cinco minutos do seu tempo para tentar descobrir, afinal, o que querem os homens? Eu já sabia.

Existe uma pequena – porém significativa – diferença entre o que querem os homens e o que querem as mulheres. Se você me permite, vou exemplificar a tese com um teste.

Em primeiro lugar, peça para que o seu namorado pegue uma fita métrica e meça as coxas da Scarlett Johansson. Peça então para fazer o mesmo com alguma modelo do São Paulo Fashion Week. Agora enxugue a baba do rosto dele e veja a diferença: esses poucos centímetros na fita métrica podem ser pequenos em relação às grandes questões da humanidade (paz no mundo etc.), mas suficientes para revelar que homens e mulheres, definitivamente, não têm o mesmo gosto. As mulheres querem ter o corpo das modelos, enquanto nós, homens, queremos "apenas"... *Scarletts*.

É claro que estou generalizando, até porque homem não é tudo igual, ao contrário do que você divulga por aí. Mas a verdade é que mulheres não querem ser magras para os homens, mas para as outras mulheres. A mesma coisa acontece com o mundo da moda: se as mulheres também não se vestem para os homens, mas para outras mulheres, por que deveriam pensar na gente quando o assunto é o que está debaixo da roupa?

Modelos são deusas lindas e inatingíveis, mas têm um biotipo que não existe no mundo real, fora da passarela. É uma exigência profissional que depende da biologia, da mesma forma que jóqueis têm baixa estatura e pilotos de Fórmula 1 têm a língua presa.

Modelos são magras profissionais, mas nós queremos magras amadoras, belas trapaceiras, mulheres normais que escondem entre os ossos e a pele algum detalhezinho que só vamos descobrir na hora H. Como um bônus.

Não sou um homem cruel, por isso não quero que as modelos magérrimas fiquem desempregadas. Sugiro a implantação de um sistema de "cotas de peso", como as cotas raciais das faculdades: 30% de modelos "ossinhos", o resto de mulheres bonitas e normais.

Nenhum lugar tem tanto glamour quanto o mundinho da moda. Em compensação, nenhum outro mundo se desintegra tão rápido quando sai de sua estratosfera. Deu para entender? Uma modelo na passarela é uma deusa inatingível; uma modelo esperando o ônibus é uma jogadora de basquete com problemas alimentares e um rosto bonito.

No meu mundo há lugar para mulheres de todos os tamanhos: altas, médias ou *mignon*. Eu prefiro as que gostam de filé mignon, e isso não é apenas um trocadilho: mulher magra demais pode ser sexy como um agrião.

De vez em quando surge um oásis no horizonte. Anos atrás, a Semana da Moda de Madri proibiu a participação de modelos muito magras, com índice da massa corporal abaixo de 18%. Os espanhóis deram um basta e decretaram que o excesso de costelas à mostra era prejudicial à saúde. Concordo. Modelos muito magras não deveriam ser "modelos" para ninguém. Pelo menos não gostaria que fossem modelos para a minha filha: quero que as refeições dela terminem com uma boa sobremesa, não com um dedo na garganta.

Essa regulamentação na Espanha me deixou feliz: de acordo com os critérios dos organizadores, eu poderia desfilar nas passarelas de Madri. Gisele Bündchen, não. Nunca ouvi uma coisa tão sensata em toda a minha vida.

AS PESSOAS ÚNICAS, BELAS E LIVRES

Há muitas maneiras de se dividir o mundo. Algumas são óbvias, outras nem tanto. Homens e mulheres, fãs de rock pesado e fãs de bossa nova, gente que gosta de vinho tinto e gente que prefere cerveja belga. Há outras milhares de opções, todas desinteressantes quando analisadas de maneira isolada. De maneira geral, dá preguiça ver gente que precisa ser classificada de alguma maneira para saber quem é.

Não há nada mais lindo do que saber que o mundo é feito de pessoas únicas, unidas apenas por células e uma sequência de cromossomos em comum. Ao contrário das coisas, as pessoas não precisam de carimbos ou rótulos para que a gente compreenda quem elas são.

Há rostos parecidos, bocas semelhantes, pernas simetricamente idênticas. Mas não há duas pessoas iguais, não importa quanto os olhos nos enganem. Bastam cinco minutos de conversa.

Ninguém é igual ao outro, mas paradoxalmente há pessoas que são únicas. Qual é a diferença? Quem as conhece não sabe explicar, mas todos nós conseguimos entender.

As pessoas únicas, aquelas que realmente fazem a diferença no mundo, são naturalmente belas e não cabem em nenhuma categoria. São maiores que qualquer tribo, porque as tribos têm fronteiras que as limitam e são compostas por gente com muita coisa em comum. Têm também uma outra característica que as torna ainda mais incríveis: elas são livres.

Pessoas livres não ficam presas dentro de limites, porque eles tentam em vão restringi-las. Claro que a liberdade deve vir junto com a responsabilidade. Essas pessoas não querem chocar ou incomodar os outros, querem apenas viver de acordo com o que acham que é certo. E, com isso, nos cativam.

Às vezes falta visão às pessoas livres, às vezes sobra. Às vezes elas têm problemas com as aparências, já que quase sempre as aparências enganam. Mas, geralmente, o que elas consideram um problema é só uma forma de afirmar ainda mais as suas individualidades.

Pessoas únicas podem ficar presas dentro de silêncios, sem conseguir se conectar com ninguém. Podem ser vítimas, podem ser vilãs. Talvez seja complexo demais defini-las... mas quem disse que é necessário?

É sempre bom lembrar que é possível ser feliz fora da caixa que as pessoas estão acostumadas a classificar como "normal". É isso que nos torna únicos, belos e livres.

OS CINCO TIPOS DE MULHERES IRRESISTÍVEIS

No livro *Alta Fidelidade*, de Nick Hornby, o protagonista Rob Fleming tem uma estranha mania: ele é fanático por listas. O roqueiro solteirão costuma anotar "os cinco melhores discos de todos os tempos", "os cinco melhores filmes para assistir quando se está deprimido", "as cinco melhores bandas de pop rock do Cazaquistão", e por aí vai. Uma dessas listas, no entanto, acabou me chamando a atenção: a lista das "cinco melhores namoradas" que ele já teve.

Não sei se eu teria a capacidade (ou a frieza, convenhamos) de formular uma lista assim, mas acredito que é possível elaborar algo um pouco menos específico: "os cinco tipos de mulher a que nenhum homem consegue resistir", por exemplo.

A Mulher Fatal

Dispensa apresentações, já que todo mundo sabe quem ela é. Se não souber, é só correr os olhos pela sala e procurar o decote mais provocante. Se isso não for suficiente, procure pela calça mais justa ou a minissaia mais curta: pronto, você encontrou uma mulher fatal.

A mulher fatal tem esse nome porque os homens praticamente "morrem" por ela. Ela não é apenas sexy, é criminosamente sexy. Ela ganhou o apelido "fatal" por ser tão perigosa que até o Ministério da Saúde adverte: a mulher fatal pode matar você do coração.

Ela é magérrima, está sempre em forma e só tem apetite para devorar uma coisa: homens. A mulher fatal é confiante, poderosa e gosta de estar sempre por cima – e isso não é exatamente uma metáfora social.

Outro dia estava num bar quando vi uma dessas cenas que marcam a gente para a vida inteira. Foi o exato momento em que uma mulher fatal deu o bote. A vítima, um indefeso executivo de cerca de 20 anos, estava sentado tranquilamente no balcão quando ela chegou. Engoliu o cara de uma vez só e puxou sua gravata lentamente pela boca, como os gatos fazem com as espinhas de peixe nos desenhos animados. Perigosíssima.

A mulher fatal não devora homens nem os seduz apenas com as roupas, mas com os olhos. É conhecida a história do cara que chegou ao orgasmo simplesmente depois que uma mulher fatal o encarou durante cinco minutos. Dizem que algumas mulheres fatais são capazes de destruir a vida de um homem apenas com o olhar, mas isso eu nunca vi acontecer. Ainda bem que eu virei o rosto antes.

A Mulher Exótica

Há vários tipos de mulher exótica, todos eles igualmente irresistíveis. Algumas são apaixonantes porque têm o sotaque meio diferente, chega a ser difícil de entender. Elas invertem totalmente as letras do seu nome, mas fazem isso com um jeitinho tão sensual que você até pensa, realmente, em mudar de nome para se adaptar a elas.

Conheço roqueiras radicais que também poderiam ser classificadas como mulheres exóticas. Conheci uma loira que só usava preto, do batom às unhas dos pés, passando pelas botas e a minissaia de couro. A única cor que chamava a atenção era uma enorme rosa tatuada, que subia pelas costas e terminava em um lugar que me deixa com saudades só de lembrar.

Conheci algumas mulheres realmente exóticas, como uma garota que era viciada em ioga. Ela acordava às 5 da manhã todos os dias para praticar ioga. Quando eu perguntava por que ela gostava tanto de praticar ioga, ela sempre respondia a mesma coisa: "porque ioga me deixa relaxada". Nunca entendi direito: não seria mais relaxante ela continuar dormindo? Estranho.

Há mulheres exóticas mais ecológicas, que parecem estar conectadas diretamente à natureza. Tive um relacionamento com uma garota que não podia ver uma loja natureba que entrava correndo e saía de lá com litros e litros de óleos naturais para o corpo. Uma vez fui experimentar um deles no chuveiro e saí do banheiro tão escorregadio que me senti uma pizza. Foi o banho mais exótico que já tomei.

A Mulher Poderosa

Ela é muito fácil de identificar: é aquela que manda em você. Mas a vida fica tão boa ao lado dela que você nem liga. Quem é que resiste quando a mulher poderosa tira os óculos, solta o coque e beija você lentamente enquanto vinte caras estão esperando do lado de fora da sala de reunião? Depois de um tempo, você descobre que os óculos dela são só charme e nem têm grau.

A mulher poderosa não é apenas charmosa e bem-sucedida. Ela é inteligente, culta, ambiciosa e já conquistou tudo que há para conquistar, inclusive você. Esse poder fascinante vai muito além do horário de trabalho: ela cita Proust no meio da transa e sabe os diálogos daquele clássico do cinema francês – ela os reproduz sem o menor sotaque, já que estudou em Paris quando era adolescente.

A mulher poderosa é chique, se veste bem, adora as coisas boas da vida. E não dispensa uma balada que acabou de inaugurar e da qual você nunca ouviu falar. Como resistir a uma mulher que trata com intimidade a *hostess* da balada mais VIP de Nova York? Quando você está ao lado da mulher poderosa, toda hora é *happy hour*.

Quem pode, pode, e a mulher poderosa pode tudo. Se ela quiser te amarrar, vai te amarrar; se ela quiser ser amarrada, será amarrada. O problema é que você está amarrado nela, não importa o que ela faça. Tudo isso porque ela esbanja "carisma", palavra grega que significa "dom divino". A expressão tem tudo a ver com a deusa que ela é: a mulher poderosa vai transformar você em mais um discípulo, quer queira, quer não.

A Mulher-Gata

Todo homem tem uma relação de amor e ódio pela mulher-gata. A mulher-gata é aquela que ninguém consegue controlar, não importa se o cara é casca grossa ou o homem mais gente boa do mundo. Você pergunta onde ela estava na noite passada, ela diz que acabou caindo no sono; você pede para ela te ligar a tal hora, ela garante que se esqueceu de carregar a bateria do celular. O problema é que ela é tão linda e misteriosa que não há a menor chance de você deixar de amá-la.

A mulher-gata é manhosa, desligada e adora passar o dia na cama. Você também, mas por razões diferentes. O problema para os homens é que ela é mais ou menos como uma gata de verdade: dá sempre um jeito de escapar quando a gente quer agarrá-la. Em compensação, é capaz de fazer os carinhos mais incríveis quando você menos espera. O homem fica totalmente à sua mercê – e ela, claro, sabe disso. E provoca até o momento em que o cara não aguenta mais e explode. Daí ela vem falando baixinho, ronronando no nosso pescoço... e logo depois de um beijo na boca, já estamos apaixonados de novo.

A mulher-gata é imprevisível para o bem e para o mal. Só há uma coisa que você consegue prever com toda a certeza: é impossível não se apaixonar por aqueles olhos profundos, mesmo sabendo que eles escondem algum segredo que você jamais vai descobrir.

A Mulher Real

A mulher real pode ser essencialmente tão irresistível quanto as outras, mas não se encaixa completamente em nenhum desses perfis. E é bom que seja assim: não há nada pior do que uma mulher que tenta ser o que não é apenas para agradar a um homem. A mulher real nem deve tentar agir de forma diferente da sua personalidade, até porque não é nada saudável tentar sustentar um personagem fictício por muito tempo. Essas máscaras de comportamento são como vestidos de festa: ela usa uma vez, deixa no armário durante um bom tempo e só tira quando está no pique de brincar de ser outra.

A mulher real, no entanto, tem uma vantagem que essas outras não têm. Ela pode ser a mulher-fatal quando quer tomar as rédeas na cama; a mulher-exótica quando quer experimentar algo que o casal nunca fez junto; a mulher-poderosa após aquele dia em que tudo deu supercerto no trabalho; a mulher-gata naquela hora em que o interessante é esconder o jogo. Resumindo, a mulher real pode ser várias, dependendo do dia e do humor. E não tenha dúvidas de que nós, homens, adoramos isso. Afinal, a única mulher que nós não queremos... é a mulher-rotina.

RELACIONAMENTOS SEM DESTINO

Sábado, seis da manhã. Lá fora está um frio dos diabos. Em algum lugar da cidade, um homem pula da cama sem pensar duas vezes e pega o casaco de couro. Ele desce até a garagem, sobe na moto e vai se encontrar com um grupo de amigos. Juntos, pegam a estrada até Campos do Jordão.

O vento no rosto o faz se sentir vivo, o caminho é lindo. Chegando a Campos, o grupo estaciona e toma um café. Meia hora depois, as motos voltam à estrada. Algumas horas depois, estão em São Paulo.

Para algumas pessoas, esses caras são parte de um grupo de loucos. Como assim, viajar duas, três horas de moto até Campos apenas para tomar um cafezinho? Apesar de não fazer parte desse grupo, eu respondo: o interessante para eles não é chegar a algum lugar, mas curtir a viagem até lá.

Apesar de essa historinha estar longe de ser uma fábula, ela também tem um significado escondido. Uma metáfora, podemos dizer. Há homens que gostam do caminho, outros gostam do destino. Da mesma maneira que há homens que gostam de ser solteiros e homens que gostam de ser casados.

Solteiros convictos têm um pouco dessa turma que sobe na moto apenas pelo prazer de andar de moto. Eles não pensam em chegar a algum lugar, no caso, a uma família tradicional.

Outros pensam apenas no destino: mulher, filhos, sogra – o pacote completo. E antes de você, mulher, criticar o comportamento do primeiro tipo de homem, saiba que também existe um monte de mulheres assim por aí.

Apesar de a sociedade geralmente criticar quem tem a solteirice como estilo de vida, acho que ninguém tem o direito de julgar o outro. É comum a gente achar que os solteiros são pessoas "erradas", porque não têm o desejo de formar uma família. Discordo. Em primeiro lugar, porque não se pode julgar ninguém. Em segundo, porque quem gosta de ser solteiro gosta mais do caminho até o relacionamento do que do relacionamento em si. Como a turma de motoqueiros que gosta mais do trajeto do que do destino, o solteiro gosta da sedução. Depois que a conquista é concretizada, o interesse diminui. Quando se chega ao destino, é hora de começar outra viagem.

A vida é muito curta e, além disso, é uma só. O importante é ser honesto e deixar a situação clara desde o início. Um solteiro convicto ao extremo não seria o par perfeito para uma mulher que sonha em ter doze filhos, mas isso é um assunto entre eles. Nunca se esqueça de que toda moto tem uma garupa. E quando a gente gosta de alguém, qualquer viagem é uma delícia.

FAMÍLIA

FELIZ DIA DAS MÃES, MÃE

De vez em quando tento fugir do assunto "mãe", mas nem sempre consigo. Minha mãe não deixa. Você achou engraçado um cara de mais de quarenta anos dizendo "minha mãe não deixa?". Também acho. Mas você pode imaginar a razão por trás disso: para as mães, nosso bolo de aniversário terá sempre 12 velinhas.

"Mãe é mãe", diz aquele profundo ditado popular. Mas para ser completo falta o "né?" no fim da frase, a levantadinha de ombros e o sorriso sem mostrar os dentes. "Mãe é mãe, né?", expressão que perdoa tudo e todas. E todo mundo entende.

Todo texto sobre mãe é subjetivo, já que cada um entende a palavra "mãe" a partir de sua referência, ou seja, da sua mãe. E como todo mundo tem uma, deve ser a palavra com mais significados no mundo: uns sete bilhões. A maioria desses significados, claro, fica na China. Pelo jeito, os comunistas não comiam tantas criancinhas assim.

Outra categoria de mãe que merece o nosso beijo no Dia das Mães é a avó. A avó não é apenas mãe duas vezes, já que os netos recebem carinho em progressão geométrica, não aritmética. Avós são mães dez vezes, cem vezes, mil vezes. Digo isso baseado na minha avó Haydée, que foi uma verdadeira mãe para mim. Todo mundo tem avô e avó, mas os meus foram os melhores. Aposto que você também acha isso dos seus.

Eu poderia escrever várias páginas sobre minha avó Haydée, mas vou me concentrar em um único caso. Quando fui morar no exterior, em 1987, ela me entregou um pequeno envelope, fechado, misterioso, e me fez prometer que só o abriria no avião, quando estivesse sozinho. Obedeci, claro, porque as avós foram feitas para serem obedecidas – talvez mais até do que as mães.

Então lá estava eu, um adolescente a caminho de um país desconhecido, olhando fixamente para o envelope. Abri e vi que havia uma única frase escrita: "Seja sempre um homem de bem". Não entendi bem na hora, mas hoje sei exatamente o que ela queria dizer. E tenho isso sempre em mente quando preciso tomar uma decisão na vida. Pelo menos até agora tem dado certo.

E se há uma certeza no Dia das Mães é que ela vai dizer a frase "Ah, filho, não precisava". É assim que 99,9% das mães respondem quando chegamos com o presente, provavelmente na hora do almoço. Aliás, tem evento mais clássico que almoço com a mãe no segundo domingo de maio? Mesmo que ela finja não querer, é bom você ter comprado pelo menos uma "lembrancinha", por menor ou mais simbólica que seja. Afinal, você sabe perfeitamente bem que, quando sua mãe quer dizer uma coisa, na verdade ela quer dizer... outra.

Isso acontece por duas razões. Em primeiro lugar, porque antes de ser sua mãe ela é uma mulher, e mulheres não falam exatamente aquilo que parece estar saindo de suas bocas. Em segundo, claro, porque ela é sua mãe. Ela quer o seu bem. Ela sabe o que é melhor para você. E ela acha que você deveria gastar seu dinheiro com você mesmo, não com ela.

As mães são uma espécie à parte do resto da humanidade porque têm um vocabulário exclusivo, que consegue ser único e universal ao mesmo tempo. Se alguém escrevesse um dicionário "Mãe-PortuguêsPortuguês-Mãe" ficaria rico. Não entendeu por quê? Então deixa para lá. Se você pedisse para sua mãe explicar a piada, ela usaria o mesmo vocabulário...

ou seja, você não entenderia do mesmo jeito. É preciso ser mãe para entender outra mãe.

Veja bem, não importa se o filho em questão tem quatro ou quarenta anos. Minha mãe, por exemplo, me diz as mesmas frases desde que tenho quatro. "Você está agasalhado, filho?" é uma das mais populares. "Almoçou direito?" é outra bem famosa. Mas minha favorita é uma mais recente, simples e direta ao ponto: "Filho, cuidado com tudo".

Imagina só o número enorme de expressões que minha mãe conseguiu unificar: "cuidado com tudo". Abrangente, não? Não precisa dizer mais nada. E a gente fica com a mais abrangente das missões: ter cuidado com tudo.

É uma frase bem útil porque se aplica a qualquer situação. Para evitar especificidades, ela simplesmente pede que eu tenha cuidado com qualquer coisa que possa acontecer neste "mundo louco em que a gente vive". Mulheres com TPM? Cuidado com tudo. Sequestro-relâmpago? Cuidado com tudo. Leões africanos soltos pela Vila Madalena? Cuidado com tudo. Por mais que pareçam semanticamente diferentes, todas as frases das mães significam a mesma coisa: "filho, eu te amo".

"Todas as famílias felizes são iguais, cada família infeliz é infeliz à sua maneira", escreveu Leon Tolstói na primeira frase de *Anna Karenina*. É claro que nem tudo é maravilhoso o tempo inteiro. As famílias brigam, discutem, tem horas que você pensa até que a sua é a pior família do mundo. Não é. Se as mães são todas iguais, é porque as famílias também são. Não é o que dizem por aí? Os problemas são os mesmos, só mudam de endereço. Às vezes, nem isso.

Agora falando sério: imaginando que este livro é uma espécie de auditório de papel onde eu sou o apresentador e o convidado ao mesmo tempo, aproveito para mandar um beijo para todas as mães – e um especial para a minha. E para refletir, no Dia das Mães ou em todos os outros dias do ano, é bom lembrar que mãe só tem uma, o que transforma todos nós em irmãos. Imaginar que somos uma família de sete bilhões de irmãos é uma ideia simples, óbvia. Mas talvez seja exatamente disso que o mundo esteja precisando.

NÃO ME CHAME DE FOFO

Adoro ser um cara "família", acho um dos adjetivos mais legais que alguém pode me atribuir. Mas tem uma coisa que eu não aceito: ser chamado de fofo. De uns tempos para cá, as mulheres apareceram com essa mania: adoram chamar alguns homens de "fofos". Se você é um cara gente boa, educado, legal e confiável, muito cuidado: mesmo sem querer, você pode ser automaticamente classificado como um cara fofo. Tudo bem, eu sei que a mulher tem uma tendência natural de infantilizar o homem, mas assim já é um exagero.

Antes de mais nada, vamos deixar uma coisa bem clara: eu não sou fofo. Não estou nem perto de ser fofo. Posso ter fases em que estou um pouco acima do peso, reconheço. E até acredito que minhas bochechas podem render beliscões apetitosos das minhas tias quando faço a barba com mais capricho. Mas estou a milhares de quilômetros de distância do que pode ser considerado "um fofo".

Bichinhos de pelúcia são fofos. Recém-nascidos são fofos. Ursos pandas são fofos. Não quero assustar ninguém, mas se alguma mulher se referir a mim como fofo, posso virar bicho. Ou melhor, um bichinho de pelúcia – desde que seja o maligno Chucky, o brinquedo assassino.

Não há, afinal, nada de errado com o adjetivo "fofo" em si. O que não gosto é a forma como ele é usado. Minha filha, por exemplo, é fofa. Ela diz coisas fofas, faz coisas fofas e sorri de um jeito que dá vontade de apertá-la até ela pedir para o papai parar. Meu cão Nick, um Yorkshire com 12 centímetros de comprimento, também é outro exemplo de algo fofo.

Como se vê, muitas coisas no mundo são fofas. Eu, não. Sou um corintiano, fã de rock e tenho um saco de boxe na minha varanda. Não tenho nenhum elemento de fofura em comum com a minha filha ou com meu cão.

Daí você vai perguntar: "mas por que ficar bravo com uma coisa tão insignificante?". Insignificante para você, que deve ser uma pessoa fofa. Eu não sou. Tenho um nome a zelar. Uma reputação. Uma fama de mau que pode desaparecer a qualquer momento. Se algum amigo meu ouvir a frase "o Felipe é um fofo", corro o risco de nunca mais poder sair de casa.

Ser fofo significa ser inofensivo. E a última coisa que um homem quer ser é inofensivo. Os fofos são "café-com-leite" para as mulheres. Elas te veem como um amiguinho, não como um representante do sexo oposto. Eu não quero ser visto como amiguinho, nem pelas minhas amiguinhas. Uma coisa é ser confiável, legal, simpático, amigo. Outra é ser fofo.

É bom vocês, mulheres, começarem a pensar em outro adjetivo para designar caras como nós. Não quero fazer ameaças, isso não fica bem para minha imagem. Mas posso mostrar como até um cara calmo como eu pode se tornar violento. É só me chamar de fofo.

FRUTOS, FLORES E SEMENTES

Recentemente tive o prazer de comparecer a um evento bastante diferente das baladas a que estou acostumado: a celebração das Bodas de Ouro de um casal de tios muito queridos. Para quem não sabe, comemora-se a data por impressionantes 50 anos de casamento.

Cheguei atrasado e só quando me sentei à mesa de jantar é que me dei realmente conta do que estava acontecendo ali: duas pessoas estavam dando uma festa para comemorar cinco décadas juntos. Você tem ideia do que é isso? Eu não tenho.

Passar cinquenta anos sozinho já deve ser difícil; imagine só passar todo esse tempo vivendo a dois. Acordando, dormindo, acordando, dormindo... e todas as infinitas atividades que acontecem entre esses dois verbos.

Para a geração dos meus tios, na faixa dos 70 e poucos anos, não é assim tão raro comemorar Bodas de Ouro. Mas para a minha geração acho que é muito mais difícil; a existência se tornou mais efêmera, imediatista, *online*. Mesmo assim, por mais que Einstein estivesse certo ao dizer que o tempo é relativo, ele também passa para todo mundo, não importa em que ano você nasceu. Cinquenta anos juntos são cinquenta anos juntos. Ponto final.

Poder comemorar essa data com os filhos, netos e amigos deve ser uma emoção indescritível. Porque, tão importante quanto a intensidade de um amor, é sua longevidade. Sem querer misturar a utilidade de instrumentos criados pelo homem, eu diria que, quando se trata do amor, o relógio também pode funcionar como uma espécie de termômetro.

Passar 50 anos juntos exige um tipo de amor que não se encontra em grandes quantidades por aí. Nem ontem, nem hoje, nem nunca.

Nem preciso dizer que a festa foi linda. Houve uma cerimônia que poderia ser descrita como, sei lá, um *recasamento*. Como sempre acontece na minha família, o "noivo" não perdeu a oportunidade de pegar o microfone e dizer algumas palavras. Foi lindo ver um homem pleno, emocionado, olhando para a mulher ao seu lado e confessando que ainda a amava.

Antes disso, porém, outro querido tio fez um discurso em homenagem ao casal com trechos de um texto atribuído ao Henfil: *"Se não houver frutos, valeu a beleza das flores. Se não houver flores, valeu a sombra das folhas. Se não houver folhas, valeu a intenção da semente"*.

O casal homenageado deixou frutos, belos como as flores, tranquilos como as folhas. E, pela felicidade no rosto dos convidados, acho que essa era exatamente a intenção da semente que começara tudo aquilo cinquenta anos antes.

Que venham as Bodas de Diamante.

O MELHOR PRESENTE DO MUNDO

São Paulo, 14 de dezembro de 2006

Realizei o sonho de qualquer criança: ganhei exatamente o presente que eu queria – e uma semana antes do Natal. Quem me trouxe o presente não foi o Papai Noel, foi a cegonha: pesa três quilos, tem 49 centímetros e emite sons incríveis que eu nunca ouvi antes. Meu presente se chama Isabel e é minha primeira filha.

Nunca vou esquecer meu nervosismo antes de entrar na sala de cirurgia. Quando a enfermeira me entregou aquele uniforme azul e começou a explicar "o senhor pode se vestir ali no vestiário...", nem esperei ela acabar de falar: tirei a roupa ali mesmo. "Sei que o senhor está ansioso, mas pode esperar eu sair", ela disse. Eu, de calças na mão, me senti ridículo. Ainda bem que ela não pediu para eu me jogar da janela.

Durante a operação, até fiquei orgulhoso de mim mesmo: consegui assistir ao parto sem desmaiar. Talvez eu tenha sido protegido pela enxurrada de lágrimas que insistia em cair dos meus olhos.

O que me deixou mais impressionado durante o parto, no entanto, não foi ver a operação ou o sangue, mas ver que de dentro da pessoa que eu mais amava no mundo os médicos arrancaram outra, que eu passei imediatamente a amar ainda mais. Não apenas mais amor em quantidade, mas um tipo de amor diferente, totalmente novo, inexplicável. E o mais intenso que alguém pode sentir.

Quando minha filha abriu os olhos, compreendi o que é ser pai: ao mesmo tempo em que ela é a coisa mais "minha" que já existiu até hoje, é a menos "minha" também. Deu para entender? Desde o momento em que ela nasceu, a única razão da minha existência é prepará-la para me abandonar. Isso não faz o menor sentido. Mas quem disse que a vida faz sentido?

Se meu avô estivesse vivo, brincaria: "Dizem que todo bebê nasce com cara de joelho... então ela é o joelhinho mais lindo do mundo". Pena que meus avós não estão mais por aqui.

Meus pais estão por aqui, graças a Deus. Mas no dia em que a Isabel nasceu, deixei de ser filho. Agora eu sou pai. E apesar de ser um pai bastante recente, já aprendi que a vida se divide em duas partes: a vida que se aprende e a vida que se ensina.

MEU PRIMEIRO DIA DOS PAIS

Em dezembro de 2005, eu era apenas um cara a mais no mundo. O que quer dizer isso? Por mais que eu fosse casado – sou contra a teoria da cara-metade –, eu ainda era um indivíduo único, completo, responsável tanto por meus atos sãos quanto pelas minhas loucuras. Se eu quisesse pegar um avião e me alistar como voluntário da ONU na Somália, não haveria nada ou ninguém para me impedir. Tudo bem, eu provavelmente seria morto (por algum guerrilheiro ou pela minha mulher), mas isso já é outra história.

Com o nascimento da minha filha, em dezembro de 2006, isso mudou. E continua mudando a cada dia. A cada centímetro que seu corpinho cresce, a minha responsabilidade aumenta um quilômetro. E minha felicidade cresce na mesma proporção: no início eu ficava bobo só de vê-la abrindo seus pequenos olhos. Depois, comecei a dar risada como um idiota quando ela pegava a chupeta e jogava no chão. "Olha, ela jogou a chupeta no chão! Demais!". Qual era a graça? A graça é que desde então não sou mais um único indivíduo. Minha filha é um pouco de mim também. E eu sou da minha filha.

No meu primeiro Dia dos Pais, eu não estava nem um pouco preocupado em ganhar presente – mesmo sabendo que eu iria ganhar (e ganhei). Acho que a exploração comercial da data é meio exagerada, mas também não queria ser um daqueles chatos contra tudo. É que para mim o maior presente foi olhar no espelho e falar em voz alta "você é pai, cara!". É claro que só fiz isso quando tinha certeza de que não havia ninguém olhando: não gosto que as pessoas me vejam chorando.

Uma das coisas mais legais de ser pai, até hoje, é olhar para minha filha e perceber que imediatamente todos os problemas do mundo parecem ridiculamente distantes. O que me importava a podridão do Congresso quando um simples beijo numa barriguinha provocava uma gargalhada deliciosa? O que representa a prisão do maior corrupto do mundo se eu tinha nas mãos um dinossauro roxo de pelúcia que fazia barulho quando era apertado? Eu sabia que essas preocupações continuariam a existir no futuro, mas naquele momento eu não estava nem aí. Queria apenas segurar minha filha no colo e sonhar que o mundo é perfeito.

O Dia dos Pais torna-se muito diferente quando você não apenas dá o presente, mas também recebe. Nunca sonhei que fosse possível sentir um amor maior do que senti quando ela nasceu, mas aquilo foi fichinha. No dia do parto tudo estava envolto numa aura de novidade, e cada detalhezinho do seu corpo era uma descoberta emocionante. Nunca imaginei que isso só iria aumentar.

Agora já conheço cada partezinha de seu corpo, e não é mais isso que me impressiona. Quer dizer, isso também, no sentido de que um pezinho que era pequeno e magrinho hoje é um pé de uma adolescente quase do meu tamanho. Mas o que mais mexe comigo é perceber que ela foi se transformando numa pessoa única, diferente de quem sou, diferente de quem a mãe dela é. Ela é cada vez mais ela. E isso me impressiona todos os dias.

Quando ela começou a falar, comprei um caderninho só para anotar suas frases que me levavam às lágrimas. Rapidamente o caderninho ficou lotado. Quando sua filha te olha nos olhos e diz pela primeira vez "parabéns, papai", há pouco a fazer além de agarrá-la e abraçá-la forte, torcendo para que seu corpinho entre no meu coração – como se ele já não estivesse lá.

Tenho uma tendência natural e corporativista de defender os pais "em carreira solo", que já não dividem o teto com as mães. Isso leva a uma questão que tira o sono de muita gente: será que pais separados têm mais dificuldade na hora de educar uma criança? Uma análise inicial (e superficial) indicaria que sim. Mas, sinceramente, tenho a esperança de que a resposta correta possa ser "depende".

Acredito que depende das circunstâncias sociais, das famílias. Mas acredito que depende, principalmente, dos próprios pais. Quando um casamento chega ao fim, é natural que exista mágoa entre os envolvidos. Ninguém é tão insensível a ponto de ficar imune a isso. O importante é evitar que essa mágoa vire um monstro alimentado por razões que não vale a pena relembrar. E, o mais importante, não podemos permitir que os problemas causados pelos adultos cheguem às crianças.

Quando eu era criança, havia um comercial na TV que dizia "não basta ser pai, tem que participar". Nunca esqueci essa frase porque ela é muito mais complexa do que parece. Temos que participar da vida dos nossos filhos, da formação de quem eles vão ser.

Quando minha filha nasceu, pensei que seria legal se a gente ganhasse um "diploma de pai", mas logo vi que isso seria uma bobagem. Primeiro, porque tratar a paternidade como uma espécie de "curso" significaria que alguém que sabe mais ensina a quem sabe menos, e isso é uma verdade relativa quando se fala sobre a paternidade. Ninguém sabe mais ou menos, todo mundo sabe igual. Há excelentes pais de primeira viagem, assim como há péssimos pais experientes. Ser pai não é algo que alguém te ensina. Ou melhor, o único que te ensina a ser um bom pai é o seu próprio filho. Ponto.

Ser pai também não é um curso em que a gente se forma porque é uma matéria em que a gente só deixa de aprender no momento em que o coração para de bater. Como o meu anda batendo (e cada vez mais forte, graças a Darwin), ainda espero continuar a aprender as lições da minha filha durante um bom tempo.

Quando me tornei pai, descobri que essa atividade tem um quesito que é puramente semântico. Uma questão de sufixo, para ser mais exato. Você passa de "egoísta" (que quer tudo só para você) para "egocêntrico" (que acha que o mundo precisa de outros "vocês"). Ser pai é querer viver para sempre.

Sou a prova disso: acabei virando um "mini-meu-pai". Ainda mais quando vejo fotos antigas, em que a semelhança física está cada vez maior. Profissionalmente também estou ficando parecido: meu pai é jornalista e foi um prestigiado crítico musical. O que eu virei? Jornalista e músico. E olha que eu nem sabia quem era Freud quando era criança.

Uma das minhas memórias mais fortes é a do meu pai ouvindo o disco *Abbey Road*, dos Beatles. E eu via aquelas pilhas e pilhas de livros sem saber direito porque ele precisava de tantos, já que Monteiro Lobato era o suficiente para saciar toda a minha precoce ânsia literária. Agora eu entendo de onde vem meu eterno problema de espaço nas prateleiras.

Sei que meu pai tem aqueles defeitos de pai, assim como eu também devo ter. É assim que funciona, não é? A gente coloca tudo o que sabe na balança e vê no que dá. Ainda tenho muito que aprender, mas uma coisa eu já descobri desde o dia em que minha filha nasceu: eu quero ser um pai como o meu.

O UÍSQUE DE QUATRO PATAS

Sou apaixonado por um cara chamado Nick. Calma, você não está lendo errado e nem eu estou saindo do armário. O cara chamado Nick é, na verdade, meu cão, um gigante e ameaçador exemplar da raça Yorkshire. Seu nome completo é Nick "Ottina", e se você falar seu nome completo em voz alta vai entender a piada. No seu último aniversário, me perguntaram se eu faria uma festa. Claro que sim: à imagem e semelhança do dono, o Nick adora uma balada.

É incrível como a gente se apega a um cachorro, não? Ele não era meu, mas costumava passar alguns dias na minha casa. Foi ficando, ficando... hoje eu mordo se alguém tentar tirá-lo de mim. Li recentemente uma reportagem explicando o cérebro canino e garantindo que cães não têm capacidade para pensar. "Talvez o cão desse repórter seja limitado", latiu Nick, comentando o texto.

Nick lê o jornal comigo pela manhã, embora ache que as notícias trazem muita informação sobre humanos e pouca atenção aos outros mamíferos. Ele acha estranho que eu passe tanto tempo olhando para o lugar onde ele faz xixi. Tenho certeza que se ofende quando comparo os políticos aos cachorros. Toda noite, depois que apago a luz, ele vem do meu lado da cama para me dizer boa noite.

Nick sabe que não trabalho cedo no fim de semana e também aproveita para dormir um pouco mais. Se chego tarde em casa, ele fica me esperando na porta, preocupado com a violência em São Paulo. Nick fica de bom humor quando está namorando. Atualmente, ele mantém um relacionamento estável com a Aninha, uma charmosa ursinha de pelúcia branca e marrom. A Aninha é um bicho nojento e asqueroso, mas ele a ama e aqui em casa a gente aceita e acha lindo relacionamentos interraciais.

Tem gente que faz piadinha quando digo que tenho um Yorkshire, em vez de um Labrador ou um Pitbull, raças "mais masculinas". Claro, seria muito mais incrível se eu tivesse um Labrador que ficasse me assistindo enquanto toco saxofone em um pôr do sol na praia vestindo jeans branco e sem camisa. Mas a vida não é uma capa de caderno escolar.

Os cães não são modelos, mas companheiros. Há um toque racional nisso: tenho um Yorkshire porque moro num apartamento e ele é um cão pequeno. Ele é, aliás, a menor unidade canina possível. Mas não acredito que ele seja menos masculino que um Labrador ou um Pitbull. Não vejo nada de masculino em deixar um animal de 40 kg sozinho oito horas por dia só para exibi-lo no Ibirapuera aos domingos a bordo de um belo modelito de focinheira. E, se você comparar um cocô do Nick e um cocô de um Labrador, vai entender que minha decisão é bastante racional.

Nosso amor por cães tem a ver com personalidade, não com tamanho. O lutador de jiu-jítsu se identifica com o Pitbull porque é um cão musculoso que pode brigar de igual para igual com ele, assim como cabeleireiros preferem Poodles porque podem treinar novos penteados neles. Eu prefiro um cão que suje pouco a casa e que fique deitado no meu colo enquanto leio um livro.

Odeio desmentir o gênio, mas Vinícius de Moraes estava errado. Ele disse que o melhor amigo do homem é o uísque, que o "uísque é o cachorro engarrafado". Nada a ver. O melhor amigo do homem é, sim, o cão. O cão é que é o uísque de quatro patas.

OLHA O QUE EU SEI FAZER

Quando minha filha tinha apenas cinco anos, ela sabia exatamente o que fazer para chamar minha atenção. Era só ela dizer: "olha o que eu sei fazer", e rodopiar no ar com os bracinhos para cima, como uma pequena bailarina.

"Olha o que eu sei fazer" deve ser uma das frases mais ditas da história da humanidade – nem sempre com palavras, claro. Todas as pessoas do mundo dizem isso todo o tempo: num encontro com uma garota, numa entrevista de trabalho, numa conversa no bar. Eu mesmo estou fazendo isso agora, escrevendo este texto. "Olha o que eu sei fazer" é o que diferencia humanos dos outros animais – pensando bem, os animais também agem da mesma forma. É só ver como os pavões atraem suas fêmeas.

"Olha o que eu sei fazer" é a razão pela qual pagamos milhões de dólares a um jogador de futebol ou a uma estrela do rock. Eles "sabem fazer" coisas que as outras pessoas não sabem, por isso são tão admirados. E, talvez ainda mais importante, é parte intrínseca da personalidade desses astros gostar de mostrar que eles sabem fazer coisas que as outras pessoas gostariam de saber fazer.

(Olha o que eu sei fazer: escrever frases que parecem mais complexas do que são.)

Assim caminha a humanidade: as mulheres de Neandertal gostavam dos homens que caçavam melhor, e aposto que os caras chegavam com o bicho morto nos ombros e diziam algo como "Badbsdfdsafhdubd" – o equivalente a "olha o que eu sei fazer" em neandertalês. As mulheres também tentavam inventar as melhores receitas de *Pterodáctilo ao Molho de Pedra Lascada*, talento que seria a versão feminina e pré-histórica de "olha o que eu sei fazer".

Na Grécia, filósofos de Atenas e soldados de Esparta brigavam para ver quem tinha o "olha o que eu sei fazer" mais digno do poder. Em Roma, os gladiadores ganhavam o público com versões sangrentas da expressão, como "olha o que sei fazer com a cabeça do meu inimigo", por exemplo. E por aí vai.

Bebel também sabia contar boas histórias desde criança, embora na época ela não soubesse que suas histórias eram tão boas. Uma das minhas favoritas era "Medo" e era mais ou menos assim:

"Papai, deixa eu te perguntar uma coisa. Você sabia que rato tem medo de gato?".

"Ah, é, minha filha?".

"É. E o gato tem medo do cachorro".

"É mesmo? E o cachorro, filha, tem medo de quem?", indaguei, curioso para seguir sua linha de raciocínio. Ela pensou um pouco e respondeu com um sorriso:

"Do dinossauro!".

Para mim foi fascinante vê-la crescer e aprender conceitos abstratos, como o amor e o tempo. Já tentou explicar a alguém o que significa ontem, amanhã, semana que vem? Eu não tinha noção da complexidade dessas palavras até ter uma filha.

Não preciso nem dizer que os primeiros cinco anos da minha filha passaram voando. Outro dia aquele bebê estava na maternidade, lutando contra a luz para manter os olhos abertos. E, depois de alguns anos, ironicamente, ela pede que eu deixe uma lâmpada acesa porque não gosta de dormir no quarto escuro. O tempo passa.

No mundo dos adultos, ter um carro deve ser o maior símbolo de "olha o que eu sei fazer" do nosso tempo. O ator Jerry Seinfeld defende essa teoria: ele diz que não bastava o homem ir à Lua; tivemos que levar um carro para dar uma voltinha por lá. Carros dizem muito sobre o que sabemos fazer: ganhar dinheiro, principalmente. E ganhar dinheiro deve ser o "olha o que sei fazer" mais atrativo de todos os tempos.

Há, porém, formas menos mercantilistas de se valorizar alguém. Todo mundo sabe fazer algo interessante, todos têm seu valor. Minha filha rodopiando com os bracinhos para cima, por exemplo, era a coisa mais valiosa do mundo. E eu, coruja, olhava em volta e chamava a atenção dos seus amiguinhos: "Gente, olha o que ela sabe fazer!".

OS PRIMEIROS QUARENTA ANOS

4 de agosto de 2010

Há muitos anos ouço que a vida começa aos 40. Sempre achei estranho, desde criança. "Quer dizer que eu ainda não nasci?", perguntava aos mais velhos, em arroubos de existencialismo – muito antes de saber o que era existencialismo.

Pois é, numa quarta-feira, 4 de agosto, às 4 da tarde, fiz 40 anos.

Quando conto isso, costumam me perguntar se estou sentindo alguma diferença, se meus ombros ficaram mais pesados com a chegada de uma data tão simbólica.

Talvez ainda não tenha caído a ficha, mas juro que me sinto exatamente igual. Não estou enfrentando nenhuma crise da meia idade, não estou preocupado em saber qual é o sentido da vida. Sou apenas isso que sou, ou sou tudo isso que sou, não importa. Outro dia, minha filha Isabel disse uma frase que me fez refletir: "Papai, eu sou eu". Deve ser a frase mais complexa que ouvi nos últimos quarenta anos.

Aliás, fiz muita coisa nestes quarenta anos. Escrevi livros, gravei discos, conheci lugares interessantes. Casei, separei, talvez case de novo. Tenho uma filha linda, amigos maravilhosos, uma família que sempre me apoiou. E daí vem um velhaco metido a filósofo e diz que hoje é que minha vida vai começar? Não quero que minha vida comece: quero apenas que ela continue. E por um bom tempo.

Se me perguntassem uma década atrás o que eu me daria de presente hoje, as respostas poderiam variar entre uma casa na praia, um Mercedes conversível ou uma viagem de volta ao mundo. Mas sabe o que eu me dei na vida real? Uma máquina de lavar. O dia a dia é muito mais poderoso do que jamais sonhariam nossos sonhos. Como disse John Lennon, a vida é o que acontece enquanto fazemos planos. Se não é a frase mais perfeita do mundo, é a mais adequada para dizer a alguém que vai fazer 40 anos.

Também me perguntam o que acho de estar ficando velho. A resposta é simples: é melhor fazer 40 anos do que *não* fazer 40 anos.

A carga que esse número traz também carrega outras doses superlativas: mais experiência, mais serenidade, mais... idade. E a certeza de que a realidade está escrita, sim, mas somente até a página dois. Lembro da minha festa de trinta e nove anos e sorrio diante da minha ingenuidade em tentar prever ou planejar o ano que se iniciava ali. Não é que deixei de ser jornalista e virei toureiro em Madri, nem mudei meu endereço de São Paulo para o Taiti. Mas o cotidianozinho do meu dia a dia sofreu uma certa revolução, assim como as pessoas ao meu redor passaram a ter rostos diferentes. Não precisei me tornar físico para aprender que um tijolo é tão sólido quanto um sopro de ar. Nunca mais vou subestimar a interferência que pessoas aparentemente insignificantes podem ter no que você acreditava que era apenas seu. Se o mundo é globalizado, imagine então o nosso mundo.

No início tudo causa uma indelicada estranheza, mas, depois que as ondas passam, o mar se acalma. A correnteza desaparece, e por alguns momentos o oceano vira uma lagoa. Fazer quarenta anos é entender tudo isso, mas tenho certeza de que poderia ter sido aos trinta e oito ou aos quarenta e cinco. É por isso que quarenta não é tão importante assim: é apenas um número.

Se aos trinta a vida parecia ser um caminho previsível e tranquilo, aos quarenta a gente pode acordar uma manhã e perceber que esse trajeto é feito também de curvas, não apenas de retas. Mas digo isso sem nenhuma emoção, até porque quem está na direção precisa renovar as energias. Retas longas e monocórdias produzem sono; curvas radicais podem ser mais perigosas, mas pelo menos fazem o coração bater mais rápido. E nos lembram de que estamos vivos. Cada vez mais vivos, por mais contraditória que soe essa percepção – principalmente quando é dita por alguém que acaba de ficar mais velho.

A grande verdade é que a vida não começa aos 40, mas também não termina (pelo menos é o que eu espero). Os sonhos é que diminuíram: há, certamente, menos tempo para começar tudo de novo. Já sei, por exemplo, que não serei um piloto de Fórmula 1, um astro de Hollywood ou um surfista no Havaí. Nunca farei um gol numa Copa do Mundo; nunca atravessarei a nado o Canal da Mancha, nunca escalarei o Everest. Mas quem disse que eu quero?

Quero apenas continuar na minha estrada, mesmo com os pneus um pouco mais gastos. A vida não começa aos 40, ela começa quando você olha no espelho e diz para si mesmo: eu sou eu.

TODO ANO, A MESMA NOITE DE NATAL

Véspera de Natal. Toca a campainha. O tio entra com um saco de presentes e a tia carrega uma bandeja embrulhada com papel alumínio – dentro dela há um tender. Os dois filhos deles, de nove e dez anos, entram correndo e derrubam a filha dos donos da casa, de sete anos, que brinca sozinha com o presépio.

A prima solteirona cumprimenta o casal e reclama de alguma coisa, mas ninguém ouve o quê. O irmão dela, também solteiro, elogia o vestido da tia e volta a comentar a novela com a dona da casa. O dono da casa está na cozinha tentando abrir um maldito espumante, mas a rolha não quer sair de jeito nenhum. Ele perde a paciência e empurra a cortiça despedaçada para dentro da garrafa. Problema resolvido, ele grita o nome da mulher e pergunta onde estão as taças de champanhe que trazem exatos 365 dias de poeira acumulada – desde o último Natal.

Em volta do presépio, as crianças perguntam por que Jesus não está lá; a dona da casa explica que ele "vai nascer" à meia-noite. Eles aceitam a resposta e correm para a árvore de plástico verde cheia de luzinhas, onde os presentes descansam à espera da hora certa.

Quase meia-noite. Com honras de chefe de estado, o tender é levado para a mesa, onde se junta à maionese de atum e ao arroz com passas, uma receita da qual a prima solteirona se orgulha há anos e não dá para ninguém nem sob tortura. Ela tem poucas coisas que são apenas dela e de mais ninguém, e a receita do arroz com passas é uma delas.

Os olhos da menina de sete anos já estão quase fechados, ela só aguenta porque quer conhecer Papai Noel. Os outros dois garotos não acreditam mais nisso; a desilusão veio há dois anos, quando pegaram o pai vestindo a tradicional roupa vermelha no banheiro.

O jantar está uma delícia. O dono da casa abre o terceiro espumante. A prima solteirona conta mais uma vez a história do amor não correspondido pelo colega de trabalho; o tio também lembra mais uma vez dos tempos em que jogava futebol. "Se eu tivesse me dedicado mais, esse Natal seria na Europa", ele repete. Exatamente como no ano passado. Ninguém lembra se ele realmente chegou a jogar. Não há registros.

À meia-noite, todos se cumprimentam. Os dois garotos saltam em cima dos presentes, mas a menina de sete anos não resistiu e dormiu no sofá.

No ano que vem será igualzinho. Quantas vezes você ouviu "puxa, já é Natal, este ano voou…"? Isso acontece todo ano – ou será que o último ano, realmente, passou mais rápido do que os outros?

A mãe conta o caso da amiga que mora no interior e veio passar o Natal em São Paulo. Ela conta que as duas filhas adoraram as decorações espalhadas pela cidade, aquela legião de pequenas lâmpadas chinesas que parecem brotar dos buracos no asfalto e se enroscar nos postes, árvores e prédios. Talvez o Natal sirva apenas para isso mesmo, acender os sonhos nas mentes das crianças. E refletir o brilho desses jovens olhos.

Nas calçadas, também já é Natal: da janela se vê um morador de rua usando um gorro de Papai Noel. Isso é o que se vê nas ruas, mas o verdadeiro Natal acontece dentro das casas, em família. Algumas têm árvores altas, cheias de presentes e coisinhas compradas em Nova York. Outras têm de se contentar com um pinheirinho de plástico. Em algumas mesas haverá cardápios de *chefs*. Em outras, uma refeiçãozinha simples, apenas um pouco melhor do que no resto do ano.

Nada disso, porém, vai fazer um Natal ser melhor do que o outro. Os mais ricos vão ganhar mais presentes e comer melhor, mas isso não garante a felicidade. O Natal é o momento de lembrar que só o amor pode nos fazer realmente felizes.

Abraçar seu irmão é de graça. Beijar sua mãe e seu pai e agradecer por tudo, também. Um sorriso carinhoso para a sua avó será mais importante para ela do que todo o dinheiro que você ganhou este ano. Dar um minuto de atenção para aquele tio que passa o ano inteiro sozinho vai fazer a vida dele um pouco melhor. E isso também não lhe custará nenhum centavo.

Quem ama o Natal, aproveita. Quem não gosta pode relaxar, porque passa rápido. Não vale a pena pensar em nada negativo, nada que possa derrubar sua emoção. É bom pensar com carinho naqueles que se foram, até porque é isso que eles gostariam que você pensasse se ainda estivessem entre nós.

Pense nas amizades ao seu redor, nos colegas de trabalho, nas pessoas com quem convivemos o ano inteiro e de quem só lembramos que existem quando alguém as menciona. A mocinha que serve café no escritório, o simpático faxineiro do prédio, o cara que cuida do estacionamento. Essas pessoas, de certa forma invisíveis em meio ao caos da "vida corrida", estão mais presentes em sua vida do que você jamais imaginou. São personagens fixos no enredo do seu dia a dia. Lembre-se de que não há ontem ou amanhã: vivemos sempre no hoje. E, portanto, no dia a dia.

O Natal é uma época que traz muita alegria, mas também um quê de melancolia. Começamos a lembrar de quem não está mais com a gente; imaginamos como seria bom se toda a família estivesse reunida – todos mesmo – para celebrar o fim de ano.

Não se preocupe, é assim com todo mundo. As famílias nunca estão completas, até porque *estar completa* não é uma característica possível a uma família.

Famílias são incompletas por natureza. Há sempre alguém partindo e alguém chegando; essa é a própria definição de uma família. Não somos estáticos, mas dinâmicos – ou melhor, dinamicamente familiares. Famílias são obrigadas pela vida a andar para a frente, como entidades ambíguas que mantêm o cérebro no futuro e o coração no passado.

PERGUNTAS (ÀS VEZES) SEM RESPOSTAS

QUAL É A MAIOR QUALIDADE QUE UMA MULHER PODE TER?

Seios grandes. Pernas bem torneadas. Olhos azuis. Cabelos loiros até a cintura. Bunda perfeita. Esqueça tudo isso: a maior qualidade que uma mulher pode ter é bom humor.

Não, não estou ficando louco (sempre fui, obrigado). Também não vou dizer que o bom humor exclui alguma das qualidades acima – muito pelo contrário. Uma bela mulher sorrindo é o paraíso. Mas nenhuma beleza do mundo justifica alguém mal-humorado. Tenho amigos assim que conseguiram se casar – e tenho pena de suas mulheres. Crianças bravinhas são divertidas; adultos ranzinzas são deprimentes.

Ter um senso de humor afiado, apenas, também não adianta nada. Sua mulher pode não achar graça de nada, e você vai ficar rindo à toa – e sozinho. O legal é ter um tipo de humor que "bata" com o dela. Tem gente que ri de tortas na cara; tem gente que ri de caras tortas. Se todos gostassem do Eddie Murphy, o que seria do Woody Allen?

Humor é uma coisa que nasce com a gente. Não comigo, infelizmente. Não tenho a menor graça. Não sei por que insisto em contar piadas quando estou numa mesa cheia de amigos, já que geralmente esqueço o final no meio da piada. Bem, ninguém é perfeito (isso não é humor... é ironia).

Ironia, aliás, é minha forma favorita de humor. O duro é que a piada nem sempre dá certo, e às vezes as pessoas acham que estou sendo pretensioso. Imagine só. Logo eu, o cara mais humilde do mundo.

A palavra "ironia", em grego, significa "interrogação". Sócrates (o filósofo, não o craque do Corinthians) interrogava seus pupilos para mostrar que eles estavam errados. Mas a melhor definição vem do escritor Berilo Neves: "A ironia é uma forma elegante de ser mau". Genial.

Voltando às mulheres, a ideal é aquela que ri "com você", não "de você". Tem coisa mais gostosa do que gargalhar juntos no café da manhã de segunda-feira? Acredite, isso existe. Mas fuja das mulheres que riem alto. Mulher que ri alto é como mulher de bigode: nem o diabo pode.

Uma das coisas mais importantes na vida de um casal é a capacidade de rir juntos. Quando a gente lembra daquela frase que o padre diz no casamento, "juntos na alegria ou na tristeza...", prestamos atenção sempre na parte mais difícil, os momentos tristes. Pois eu acho que poucas coisas unem mais um homem e uma mulher do que uma disposição para rir do mesmo assunto. Não estou falando de mulheres que dão um sorrisinho amarelo quando o marido conta uma piada, mas de casais que riem juntos para valer, uma gargalhada gostosa daquelas que deixam o maxilar doendo.

Se você ri das mesmas coisas que a pessoa que você ama, aposto que seu relacionamento nunca chegará ao fim. Quer dizer, pode até chegar, mas até disso vocês rirão juntos. E virarão grandes amigos para o resto da vida. A única hora em que ela não pode rir de jeito nenhum é quando você diz "eu te amo". Se isso acontecer, saia correndo. Só tome cuidado para não escorregar numa casca de banana.

COMO CONQUISTAR SEU SOGRO?

Chegou, enfim, o dia de você conhecer seu futuro sogro. Sim, porque mesmo que você nem sonhe em se casar com sua namorada, ele já é seu sogro.

Em primeiro lugar, não importa o que aconteça, não o chame de "sogrão". Homens têm pesadelos com esta palavra desde o momento em que descobrem que suas mulheres estão grávidas de meninas. Seu sogro sabia que um dia teria que encontrar gente como você, que invade a casa dele como quem não quer nada e vai roubando o que ele tem de mais precioso. Portanto, tenha humildade. Mas também não seja um cara tão humilde assim, senão ele vai pensar que a filha está namorando um cara sem ambição. Se "ambição" exagerada pode ser considerada uma característica negativa para algumas pessoas, para o seu sogro será a sua maior qualidade.

Se ele te oferecer uma cerveja, aceite. Se ele te oferecer um uísque, aceite. Se ele te oferecer drogas, recuse: é apenas um teste para ele saber o tipo de gente que você é.

Aceite a bebida, mas em hipótese alguma fique bêbado na frente dele. Beba em pequenos goles, pois você está sendo observado. Seu futuro sogro pode virar uma garrafa de cachaça de um só gole, mas nunca aceitará que a filha dele namore um pinguço. Por outro lado, porém, você também não pode demonstrar fraqueza: se ele insistir em encher seu copo, diga que não pode aceitar porque está dirigindo. Se você não tiver carro, diga que está dirigindo um... ônibus, sei lá.

Outro tema pelo qual você vai ser avaliado é seu conhecimento sobre futebol. Se você é um boleiro, fique tranquilo. Mas se você não sabe nem quantos jogadores tem um time, aqui vai um conselho: suspire e diga apenas que o Corinthians está uma merda. Se ele retrucar e disser que o Timão é o líder do campeonato, não perca a oportunidade: "é, mas aquela defesa precisa matar a gente do coração?". Se a conversa ficar muito técnica, concorde com a cabeça, mesmo quando as informações parecerem contraditórias. Lembre-se: futebol não tem lógica, é apenas um jogo aleatório em que qualquer um dos times pode ganhar qualquer jogo. Se a coisa ficar preta, pergunte onde é o banheiro.

É bom você descobrir o time do seu sogro antes de conhecê-lo. Presenteá-lo com qualquer objeto estampado com o símbolo do time dele é uma certeza de que ele vai gostar de você. Lembre-se de que o futebol está para o seu sogro assim como a novela está para a sua sogra: ou seja, ele acompanha o dia a dia dos protagonistas, sabe quem vai ficar com quem, quem está se dando bem na história e quem está mal. O "mundo do futebol" é a novelinha do seu sogro – mas não precisa contar essa metáfora para ele.

O seu sogro sempre olhará você com olhos tortos, por isso é importante você ganhar a confiança dele. Não, não é para se abrir em um momento de sinceridade e contar as loucuras que você fez na adolescência nem, muito menos, se gabar sobre suas aventuras sexuais. Para o seu sogro, você nunca teve aventuras sexuais. Aliás, para o seu sogro você sequer tem uma vida sexual. Conte para ele histórias que seu avô te contava, lembrando como aquilo moldou seu caráter. Quando ele estiver bem atento, vire-se para o lado e finja enxugar uma lágrima. Cuidado para ele não ver que é mentira.

Aposto que ele também vai se emocionar e acreditar que você é um cara "família". E vai te encarar como alguém que vai valorizar a eventual família que criar ao lado da filha dele. Se você não tiver nenhuma lembrança do seu avô para contar, invente. A história não é importante: você querer compartilhá-la com seu sogro é.

Pronto. Você ganhou seu sogro. Um aperto de mão mais firme vai mostrar que você tem personalidade, mas também não precisa machucá-lo. Cuidado para não exagerar na força e quebrar a mão dele. É melhor levar a filha do sogrão para a cama do que ele para o hospital.

É MELHOR AMAR OU SER AMADO?

Só porque este texto começou com uma pergunta não significa necessariamente que ele vai terminar com uma resposta. Aliás, já vou avisando que não vai. Principalmente porque a questão acima não tem uma resposta, mas várias. Hoje você pode acordar com uma opinião na ponta da língua; amanhã seu pensamento pode ser exatamente o contrário.

É claro que há gente que ama e é amado, já que um sentimento não exclui o outro, mas isso acontece apenas em raras vidinhas perfeitas. Você ama uma pessoa, essa pessoa te ama de volta. Ponto final. Há probleminhas, mas basicamente você é feliz. E a vida segue razoavelmente tranquila, com pouco desequilíbrio emocional e eventuais briguinhas resolvidas por meio de deliciosos atos sexuais de reconciliação.

Na verdade, essa pergunta só tem sentido quando os dois sentimentos não acontecem simultaneamente, pelo menos para uma das pessoas envolvidas. Só então a gente acaba sendo obrigado a se perguntar: é melhor amar ou ser amado?

Não há dúvidas de que ser amado tem suas vantagens. Você não sente aquela emoção arrebatadora, mas também não fica tão mal se algo dá errado ao longo do caminho. Já amar dá um pouco mais de trabalho: quem ama fica dependente do objeto da paixão. E há sempre o risco de esse amor deixar de ser correspondido, ou seja, a infelicidade pode estar ali, virando a esquina.

Quem é amado recebe; quem ama dá. Quem é amado tem o poder nas mãos, quem ama está vulnerável como um carro sem freios no topo da ladeira. E, paradoxalmente, um sentimento não existe sem o outro: não adianta nada ter uma montanha de caviar se você está totalmente sem fome.

Tenho certeza de que você já foi amado sem amar, assim como é provável que você já tenha amado alguém sem ter sido correspondido. Esse desencontro faz parte da vida amorosa, cuja formação começa na adolescência. Será que é mais fácil se apaixonar quando se é jovem? Ou a idade não tem relação com a emoção? O amor muda conforme o tempo passa; a gente também. Alguns dirão que amar é melhor quando se é adolescente; talvez sejam os mesmos que garantirão que, quando o tempo passa, o melhor mesmo é ser amado.

Será que existe gente que começa a amar e ser amado ao mesmo tempo? Acho que não. Se fosse assim, as pessoas diriam "eu te amo" ao mesmo tempo, como um jogral. Mas não é isso que acontece: alguém sempre diz antes. É melhor dizer "eu te amo" ou "eu também"? Desculpe, mas essa é outra pergunta sem resposta.

O QUE É UMA MULHER INTERESSANTE?

"Ela é uma mulher interessante" é uma frase que tenho ouvido cada vez mais de amigos de tribos e idades variadas. O que isso significa? Não sei direito, mas tenho uma teoria. Acho que esse adjetivo tão abstrato, interessante, é a nova maneira que os homens encontraram para justificar o relacionamento com mulheres que não se parecem exatamente com a Scarlett Johansson.

Isso, porém, não quer dizer nem de longe que interessante é um termo pejorativo para uma mulher. Nem para um homem, claro, mas esse lado da história não me interessa. Na verdade, feliz de quem é interessante: são pessoas que despertam interesse.

"Mulheres interessantes" podem não ser tão atraentes quanto "mulheres incrivelmente lindas", mas um dos adjetivos não exclui necessariamente o outro. Eu diria inclusive que a mulher perfeita é aquela que consegue ser interessante e incrivelmente linda. Mas de uma mulher que é apenas linda e vazia a gente enjoa depois de algum tempo; uma mulher interessante pode durar para sempre. Por isso, se uma mulher tiver que escolher entre ser uma coisa ou outra, eu a aconselharia a ser... as duas coisas. Nem sempre é possível, mas quem disse que a vida é justa?

Há alguns anos os homens usavam o adjetivo "bonitinha" para mulheres que não eram incrivelmente lindas. Mas a mulherada começou a reclamar que "bonitinha" era sinônimo de "feia-arrumadinha", e aí tivemos que mudar o nosso vocabulário – o que eu nunca engoli. Existem, sim, mulheres bonitinhas, e elas são exatamente isso: bonitinhas. Não são incrivelmente lindas, mas estão longe de ser feias-arrumadinhas. Só para garantir, porém, quando sua namorada entrar no carro usando aquele vestido deslumbrante, nem pense em dizer que ela está bonitinha. Você não ficará bonitinho com um olho roxo.

Também tenho ouvido que não há solteiros legais à solta por aí. As mulheres reclamam que os caras legais estão casados ou são gays. Os homens respondem que as mulheres legais têm namorado ou não querem compromisso. O engraçado é que todos os solteiros legais dizem que não há solteiras legais... Como é possível que tantas solteiras legais não encontrem outros solteiros legais por aí? Não faz sentido. Será que não estão frequentando as mesmas baladas? Será que não são tão legais assim? Procurar essas respostas pode ser uma tarefa bem interessante.

POR QUE AS PESSOAS SE APAIXONAM?

Já ouvi críticas aos meus textos de gente que alega que não sou psicólogo ou psiquiatra, portanto não tenho o direito de ficar falando bobagens sobre o comportamento das pessoas. Concordo plenamente. O mais perto que cheguei de um analista foi no dia em que ouvi a música O *Divã*, do Roberto Carlos. O que escrevo aqui é apenas fruto de observações ou experiências pessoais. E ponto.

Essa humilde introdução foi para dizer, com falsa modéstia, que descobri o que faz um homem se apaixonar por uma mulher, e vice-versa. Não é pouca coisa, já que essa questão persegue a humanidade há séculos. Talvez você concorde, talvez ache uma grande besteira.

Segundo os cientistas, a origem do amor é química. Os culpados são os neurotransmissores que atuam sobre o sistema de recompensa do cérebro. Ao responder a um estímulo dos olhos (ou do nariz) provocado por uma determinada pessoa, o cérebro produz dopamina, substância que alavanca um desejo sexual. Os níveis de serotonina aumentam, criando aquele sentimento de "não consigo viver sem essa pessoa". Aí entram em ação a ocitocina e a vasopressina, dois hormônios produzidos pelo hipotálamo. A duplinha é tiro e queda: quando se juntam, deixam a gente com aquela cara de bobo e a cabeça longe, longe.

Essa é a versão científica. Mas aposto que você quer ouvir uma segunda opinião.

Vamos começar pela mulher. O que faz uma mulher gostar de um homem? Mais do que isso, o que transforma a paixão de uma mulher por um homem em amor? Na minha opinião, é a *admiração* que ela tem por ele. Essa admiração pode ser de várias formas e intensidades diferentes. O cara pode ser um excelente profissional. Ou pode ser um grande artista. Ou pode ser um ótimo pai. Ou pode ser... milhões de coisas, claro.

Só para esclarecer: não estou falando de riqueza ou sucesso. A mulher se apaixona quando sente admiração por quem o homem é, pelo que ele representa como pessoa. Não é algo formal, muito menos um sentimento de alguém que olha de baixo para cima. É apenas orgulho por estar ao lado dele. Em última instância, é a admiração que faz com que a mulher queira se eternizar ao lado desse cara, criar uma família, gerar filhos. Quando a admiração chega ao fim, o amor chega ao fim.

E quanto ao homem? O que faz um homem se apaixonar por uma mulher? A *atração*. Atração física, sim, mas não só isso. Essa atração pode existir em vários níveis, sexual, sensorial, emocional; o que o homem precisa é se sentir atraído. Por favor, não imagine que estou falando só de beleza ou sexo. Há diferentes tipos de beleza, assim como há diferentes níveis de exigência de um homem em relação à beleza. Mas ele tem que sentir atração para querer voltar sempre àquela mulher, querer mantê-la sempre próxima, querer a presença dela na hora de dividir o sono. A atração é a preliminar do desejo.

Se essa atração chegar ao fim, pode ter certeza de que o homem vai correr atrás de outra. Ele precisa disso para se sentir vivo. Admiração, atração... isso é só o meu ponto de vista. Espero que algum psicólogo assine embaixo.

HOMENS E MULHERES PODEM SER SÓ AMIGOS?

No filme *Harry e Sally*, Billy Crystal tem uma fala interessante: ele diz que é impossível um homem e uma mulher serem só amigos, a não ser que um dos dois seja muito feio. Se eu disser que concordo com isso, pode dar briga: minhas amigas vão achar que são muito feias – ou que são homens.

Claro que isso é apenas uma frase de impacto em um roteiro divertido. É, sim, possível existir amizade entre homem e mulher. Homens e mulheres são racionais – pelo menos na teoria. É isso que nos diferencia dos outros animais. Há muitas situações em que homens e mulheres não têm interesse sexual um pelo outro. Infelizmente, no momento só me lembro de uma: em velórios e enterros – mas só quando um dos dois está deitado do caixão.

Homens e mulheres foram feitos para seduzirem um ao outro constantemente, inconscientemente, mesmo que nunca cheguem às vias – ou às camas – de fato. Isso faz parte da natureza humana.

No filme, Billy Crystal (Harry) é um cara meio feio, mas inteligente e sagaz. Sally (Meg Ryan) é meio bobinha, mas bonita e interessante. Os dois começam a história como amigos, mas em algum momento do filme – e da relação – a faísca se acende e eles começam a se olhar com olhos diferentes. Ele não mudou, ela não mudou, mas os dois mudaram juntos.

Provocados por uma frase aqui, um comentário ali, descobrem que são amigos porque têm interesse pelas mesmas coisas. Então percebem que gostam de ficar juntos porque... gostam de ficar juntos. Daí para o primeiro beijo é uma piscada de olho.

Há casais que adoram sair juntos, mas que não conseguem fazer a transição da amizade para o romance. Não dão o primeiro passo, talvez por medo de descobrir onde o caminho vai dar. Perdem um tempão com isso, às vezes uma vida. Uma, não: duas.

Os solteiros costumam reclamar que estão sozinhos, que não há gente interessante disponível. Chegam a dizer que "não fazem questão de conhecer ninguém no momento". Conversam sobre isso com certa naturalidade, olhos nos olhos, como que tentando provar que podem ser felizes do jeito que estão. Comodidade? Talvez. Mas garanto que é fácil reverter esse quadro: basta que um dos dois dê o primeiro passo. Ou, se faltar coragem, acho que *Harry e Sally* já está no Netflix. É infalível.

OS HOMENS SÃO MAIS EGOÍSTAS QUE AS MULHERES?

Homens são egoístas? Conheço mulheres que garantem que sim. Já fui acusado disso, mas a acusação entrou por um ouvido e saiu pelo outro – talvez porque eu estivesse preocupado com assuntos muito mais importantes: os meus próprios problemas.

Qualquer tipo de generalização peca justamente porque ninguém é igual. Mas algumas características podem, sim, ser comuns à maioria dos homens ou à maioria das mulheres. O difícil é avaliar quando a generalização é uma análise inteligente da situação ou quando é simplesmente isso: uma generalização simples ou, pior ainda, simplista.

Talvez você conheça alguém que viveu essa situação. Vamos imaginar um casal de namorados, felizes, tudo indo muito bem. Para o cara, se o namoro está indo bem, não há nenhuma razão para mudar essa situação. Não se mexe em time que está ganhando, diz o ditado. Mas mulheres não pensam assim. Acham que, se o namoro está indo bem, então o próximo passo é o casamento. O problema é que o homem está feliz do jeito que está; a mulher também está feliz, mas ela quer mudar a situação, justamente para "melhorá-la". Nessa situação, qualquer mudança na dinâmica de um casal pode trazer consequências muito boas, mas também há o risco de provocar algum ruído.

Lembrei de outro exemplo: um casal de amigos namorou sete anos antes de se casar, mas ficou apenas seis meses juntos depois de oficializar a relação. Como explicar? Mudar nem sempre é para melhor.

Esse assunto é uma generalização simplista do comportamento masculino e feminino, exatamente como critiquei no início do texto. Há exemplos que comprovem essa teoria? Sim. Ela se aplica a todos os casais do mundo? Óbvio que não.

É a mesma coisa quando mulheres acusam homens de egoístas. Muitas vezes nós realmente não pensamos tanto "no casal" quanto vocês. Mas, sinceramente, isso não quer dizer que sejamos egoístas. Pensamos diferente, só isso. Temos outras coisas na cabeça, nossa mente funciona em outra frequência. Isso só se torna um problema quando alguém mede o outro pela própria maneira de pensar — não importa se é homem ou mulher.

O QUE FAZER EM DIAS FRIOS E CHUVOSOS?

Todo mundo sabe que dias frios e chuvosos são perfeitos para ficar em casa. O que você sabe, mas talvez não se lembre (quem tem tempo para essas coisas?), é que dias frios e chuvosos também são muito bons para arrumar a vida.

Não estou falando no sentido poético, mas de arrumação mesmo: lembra-se daquele armário que você não abria há anos? Pois é. Descobri há alguns dias por acaso que arrumar a vida é uma tarefa interessante; se você achar, claro, que foi o acaso quem derrubou uma caixa com fotos e papéis antigos na minha cabeça.

Antes que você pergunte, não havia nada que quebrasse lá dentro (obrigado pela preocupação). E a caixa nem era tão pesada assim a ponto de me machucar. O que machucou – mas também alegrou, surpreendeu e chocou – é o que havia dentro dela.

"Nossa, isso aqui sou eu?" é a primeira pergunta que faço ao ver uma foto tirada anos atrás. É engraçado ver fotos antigas. Sabemos que estamos olhando para nós mesmos, mas algo nos leva tão longe que torna a relação tempo-espaço algo mais do que uma equação matemática. O passado está a milhares e milhares de quilômetros de distância, e quem eu era virou uma imagem estática ou, no máximo, um filminho com alguns segundos de duração que passa na minha cabeça. E daí surge outra foto para sobrepor as memórias, chamando outra lembrança e mandando a anterior de volta para o disco virtual que nos acostumamos a chamar de cérebro.

"Nem me lembrava de ter namorado essa garota..." As arrumações em dias frios e chuvosos também têm o estranho poder de ressuscitar velhos espíritos. Amigos que desapareceram, ex-namoradas, colegas de trabalho que você nunca mais viu. Estão todos lá, vivos, a maioria sorrindo. E para lá voltarão ao final da arrumação. Ou não: arrumações também têm o estranho poder de provocar ligações telefônicas inusitadas e transformar fotos antigas em reencontros.

Há também papéis carimbados, escritos à mão, provas oficiais de coisas que fiz na vida. Ingressos de *shows* (minha coleção favorita), carteiras escolares, agendas velhas. Para que guardar tudo isso? Para que saber quanto você tirou em biologia em 1985? Para que saber que você foi ao dentista em 3 de outubro de 2003? Digo isso, mas arrumo direitinho e guardo tudo no mesmo lugar. A caixa está mais magra, um pouco de sua gordura sentimental foi jogada no lixo.

Mas algumas coisas ficam e ficarão justamente para que no futuro eu possa arrumar tudo de novo, olhar as fotos, (re)descobrir quem eu sou a partir de quem eu fui. Não há pressa: ano que vem tem outro inverno.

O QUE MANTÉM OS CASAIS JUNTOS?

Ando pensando muito sobre as razões que mantêm um casal junto. Será que é algum elemento físico? Ou talvez seja psicológico? Quem sabe é o destino? Se você for pesquisar o assunto, verá que milhares e milhares de páginas já foram escritas sobre o tema, mas ninguém nunca chegou a uma explicação definitiva.

Tudo bem, é um tema complexo, para o qual não há uma resposta só. Diante das minhas reflexões, porém, acabei descobrindo uma coisa tão óbvia, mas tão óbvia, que só pode ser verdade. A gente sempre acha que as questões do coração são complexas demais para respostas exageradamente simples, mas eu diria que é o contrário: a resposta geralmente está no lugar em que você deveria tê-la procurado no primeiro momento.

O que mantém, então, os casais juntos? Antes da resposta, uma reflexão: quando um adulto quer fazer uma coisa, ele faz, correto? Por mais punições que existam (no caso de comportamentos errados), ou pelos prêmios que ganha, o ser humano sempre segue o seu desejo e acaba fazendo o que quer. É o que chamamos de livre arbítrio, a liberdade para fazer tanto o bem quanto o mal.

Pois eu acho que o que faz os casais quererem ficar juntos... é querer ficar junto. Não, isso não é uma resposta "pegadinha", antes que você me acuse de charlatão. É que a gente fica gastando a energia com tanta coisa... uma hora é uma ceninha de ciúme, outra hora é o jeito que a mulher falou com você no telefone, em outra ocasião é o tempo que ela levou para se arrumar antes do jantar.

Pense bem como isso é tudo uma grande bobagem. Vamos ser mais leves? Vamos pensar no que é realmente importante? E o que é realmente importante é o amor pelo outro e a vontade de ficar juntos. Tudo o mais é convenção, é menor, é birra. Não tem família que segure o outro, não tem filho, não tem nada. Para ficar junto é preciso querer ficar junto, é preciso querer isso mais do que todo o resto. É preciso querer ficar junto mais do que querer ficar longe.

Nunca pensei que fosse escrever uma ideia tão óbvia, mas cada vez mais acho que é a pura verdade. Nos dias de hoje, a gente esquece as coisas realmente relevantes e perde tempo com futilidades, problemas vazios. Vamos ser felizes juntos. Vamos ficar com quem a gente ama e perdoar os pequenos defeitos. Eu tenho defeitos, você também, todo mundo tem. A vida é uma só, passa rápido demais. E um minuto longe de quem a gente ama é uma eternidade.

O QUE PODEMOS APRENDER COM PÁSSAROS PRESOS?

Imagine um grande prédio, em formato de cubo, inteirinho de vidro. Pé-direito alto, coisa para lá de cinco metros. Enorme. O prédio está praticamente vazio, se não fosse pelo pássaro que entrou sem querer pela porta da frente e agora está preso no labirinto de transparências, sem saber qual delas é a saída.

Para o pássaro, as janelas de vidro são uma ilusão que pode significar a vida ou a morte. Se não encontrar a saída, morrerá. Se encontrar, poderá voltar ao convívio de seus colegas alados, que não o observam do lado de fora, talvez nem entendam como é possível ficar preso dentro de um lugar de onde se pode ver o céu, mas não se consegue chegar até ele.

Desesperado em sua ignorância, o pássaro tenta sair por uma das janelas, mas dá com o bico no vidro com tanta força que faria até barulho, se houvesse alguém para ouvi-lo. Daí ele tenta mais uma vez, mas novamente é impedido de voltar ao seu ambiente familiar, o céu azul e cheio de nuvens, um paraíso que parece tão perto e, ao mesmo tempo, tão inalcançável.

E agora? O que ele pode fazer, a não ser bater com o bico de vidro em vidro até dar a sorte de um deles ser uma porta aberta? Além disso, estaria ainda a porta por onde ele entrou aberta? Ou teria ela se fechado com o vento e ele está condenado?

Pássaros não foram feitos para viver cercados, nem por paredes de vidro nem por gaiolas. Não é da natureza de quem tem asas não poder voar livremente. Assim como a liberdade em si, asas são instrumentos que não podem ser limitados.

O pássaro canta, canta, canta. Não é um canto para o seu prazer, mas para invocar algum deus da sobrevivência que porventura esteja por aquelas bandas.

Alguns minutos depois, o bombeiro de plantão ouve o estranho som e vem em seu socorro. O uniformizado salvador traz nas mãos um longo tubo de alumínio com uma rede acoplada a uma de suas extremidades, um objeto parecido com um equipamento para limpar piscinas. O pássaro fica nervoso quando aquele cano esquisito se aproxima. Ele se debate, mas o bombeiro consegue capturá-lo e rapidamente o conduz até a porta aberta.

Pronto. Aliviado, o pássaro voa e desaparece.

De vez em quando entramos em situações em que até podemos resolver tudo sozinhos, mas a custo de muitas cabeçadas em janelas de vidro. É comum querer enfrentar os problemas sem pedir ajuda e, muitas vezes, é justamente isso que nos fortalece.

Temos de ter a responsabilidade para encararmos as coisas de frente. Em outras ocasiões, temos de ter a humildade de chamar alguém para dar uma mão. Alguém que ouça o nosso canto quando estamos presos em prédios de vidro, observando tudo, mas sem conseguir sair.

AONDE LEVAR A MULHER NO PRIMEIRO ENCONTRO?

Dá para conhecer um homem pelo lugar aonde ele leva uma mulher no primeiro encontro romântico. Quem é esperto tem várias opções na manga, e espera para escolher o programa de acordo com a roupa da mulher. Se ela estiver com um decote bem sexy e salto alto, por exemplo, é bom caprichar.

Mas também não é errado planejar o local com antecedência (para não gaguejar quando a mulher perguntar "e aí, aonde a gente vai?"). Alguns amigos meus vão direto para algum bar, não importa se a mulher está de *tailleur* ou de biquíni. Eles são do tipo "bate-papo", caras que gostam de conversar, pedir uma bebida, conversar, pedir outra bebida... Se pintar um beijo na primeira noite, ótimo. Sexo? Melhor ainda. O importante é molhar as palavras com alguns drinques e deixar a noite decidir o que vai acontecer.

Tenho também amigos mais baladeiros, que preferem ir direto para as boates da moda. Esses não estão muito interessados no que a garota tem a dizer, ainda mais porque não dá para ouvir nada com o barulho que rola na pista de dança. Esse tipo de encontro é tão romântico quanto o "teste da areia", aquele em que o cara marca de se encontrar na praia apenas para avaliar o corpo da mulher. A pista de dança é mais ou menos uma versão urbana do teste da areia: o cara confere a garota dançando para saber se vale a pena seguir em frente. Afinal, como dizem por aí, "a dança é a expressão vertical de um desejo horizontal".

Há ainda o "homem-restaurante", que sempre convida a mulher

para jantar. Este não está ali para brincadeira: é bom a mulher saber o que quer daquele encontro, porque ele com certeza já sabe. Como dá para interpretar tudo na vida, também dá para classificar os homens de acordo com o restaurante escolhido. Um restaurante japonês chique prova que você é um investimento (literalmente, já que a conta será invariavelmente alta). Restaurante francês? O cara é elegante e quer te impressionar. Italiano? Ele é um cara tradicional, família. E talvez você nem tenha percebido, mas se ele levar você a um restaurante chinês é porque ele é... chinês. Pratos picantes, como tailandeses ou mexicanos, só devem entrar no circuito após uma breve pesquisa sobre o histórico estomacal do casal. Mas atenção: se no primeiro encontro ele te levar a uma churrascaria rodízio, saia correndo: ele está mais preocupado com o estômago do que com o coração.

PARA QUE SERVE UM AMIGO?

Quantos amigos você tem? Não estou falando do Facebook. E desculpe, mas isso não é uma pergunta retórica: feche os olhos de verdade e conte nos dedos: quantos amigos você realmente tem? A lógica nos diria que o normal seria ter cada vez mais amigos à medida que vamos envelhecendo e acrescentando relações à nossa vida, mas isso é um paradoxo: parece que esse número diminui com a idade. Não estou falando de colegas de trabalho ou de amizades circunstanciais. Estou falando de amigos verdadeiros, aqueles que querem o seu bem de verdade. Esses tendem a diminuir.

Morrissey tem uma música chamada *We Hate it When Our Friends Become Successful* (Nós odiamos quando nossos amigos se tornam bem-sucedidos). É uma das poucas vezes em que discordo dele: odiamos quando gente que conhecemos pouco se dão muito bem. Os amigos de verdade, no entanto, a gente gosta. E torce.

Afinal, amizade serve para quê? Para quase nada, se você pensar bem. Para os problemas do dia a dia, temos a família; para os profissionais, temos os colegas no trabalho. Os amigos entram onde, então? Naquela zona temporal cinzenta que também parece diminuir a cada dia: o tempo livre.

Tempo livre não é só a sequência de horas que se passa em volta da mesa no almoço de domingo com os pais. É também o tempo livre de qualquer obrigação, que você pode gastar vendo TV ou falando sobre coisas inúteis. Sério: o que muda na vida de alguém saber quem foi o maior atacante da história do Corinthians? Nada. E, mesmo assim, você é capaz de fazer (quase) qualquer coisa na vida para convencer esse alguém disso. Esse alguém é um amigo. Ele é o cara com quem você se senta num bar, molha as palavras com cerveja durante quatro horas, e ainda sai de lá pensando no que você se esqueceu de dizer. Isso é amigo. O resto é gente conhecida.

Amigo de verdade a gente também reconhece nas situações difíceis, mas não apenas quando nós temos problemas: os problemas dos amigos são os que mais merecem e precisam da nossa amizade. Nem sempre é fácil, às vezes eles acham que está tudo bem. Mas o melhor amigo não é só aquele que ajuda o outro: é aquele que também deixa o outro ajudá-lo.

POR QUE ALGUNS HOMENS NÃO LIGAM NO DIA SEGUINTE?

Conversando com amigas descobri que existem grandes dúvidas existenciais entre as mulheres. A onisciência de Deus. A impotência do ser humano diante da natureza. E por que os homens não ligam no dia seguinte.

Mulheres, animais irremediavelmente racionais, buscam na memória as imagens da noite anterior. O jantar foi ótimo. O drinque na casa dele também. A sobremesa ("sobrecama" seria mais correto) depois do drinque, então, foi inesquecível. O que custava, então, o desgraçado ter pegado o celular e ligado para o meu maldito número? Ou pelo menos ter mandado uma mensagem?

Calma. Respire fundo. As razões que levam um cara a não ligar são complexas, mas vou tentar resumir de maneira lógica e simples: ele não ligou porque não quis ligar.

Não jogue o livro contra a parede, eu vou tentar explicar. Homens são movidos por vários desejos, quase nenhum deles relacionado a conversar no telefone. Mas homens também são capazes de fazer qualquer coisa para atingir seus objetivos. Portanto, homens só ligam quando estão querendo algo mais. Se não ligar, é porque não rolou. Simples.

Um homem que diz que vive ocupado, por exemplo. Para o seu próprio bem, esqueça. Tem um ditado que diz que, se você precisa de alguma coisa, peça para alguém bem ocupado. Quem não faz nada nunca tem tempo livre. E vamos falar a verdade, ninguém é tão ocupado assim. E se ele não ligou, o que fazer?

Em primeiro lugar, não se desespere. Você é ótima. Ele é, muito provavelmente, um idiota. Repita este mantra três vezes ao longo do dia e você estará salva. Veja outras maneiras de reconhecer desculpas imbecis e como reagir a elas:

1. "Desculpe, fui ver minha mãe". Um cara que usa a mãe como desculpa não daria um bom namorado, marido ou pai. Está fora.

2. "Desculpe, passei a semana em reuniões". Será que ele dormiu embaixo da mesa também? Desculpa esfarrapada. Desde a época das cavernas, quando, sei lá, a Neandertal S.A. foi fundada, as reuniões têm pausas para o cafezinho. E, se ele não conseguisse ligar durante o café, poderia ir até o banheiro para mandar uma mensagem de WhatsApp. Esquece.

3. "Desculpe, saí com meus amigos, enchi a cara e esqueci de te ligar". Bom, está aí um cara legal. Sincero. Honesto. Preza as amizades, o que é um valor importante. Bebe cerveja, o que é um bom sinal (nunca confie em um homem que não bebe, diz o ditado), e ainda admite que esqueceu de ligar (prova de que é humilde). Mantenha esse na lista de candidatos.

Pelo jeitão, parece que ele não compreende a onisciência de Deus, nem está muito preocupado com a impotência do ser humano diante da natureza. Mas aposto que qualquer hora ele liga e te convida para sair de novo.

QUAL É A DIFERENÇA ENTRE GOSTAR, ADORAR E AMAR?

Questões semânticas sempre me fascinaram. O trabalho me obriga a lidar com a escrita no dia a dia, mas acho o tema interessante principalmente porque as palavras que usamos dizem muito sobre quem somos.

Talvez seja um defeito, mas confesso que adoro ir a restaurantes e prestar atenção nas conversas de outras mesas. O papo que ouvi outro dia (era um balcão, mas enfim) é a maior prova de que palavras mal escolhidas podem gerar atritos desnecessários.

Eu estava pedindo um hambúrguer quando ouvi uma menina dizer: "Como assim, você gosta de mim? Ontem você falou que me adorava! A gente já sai há seis meses e você ainda não disse que me ama". Não me lembro exatamente se eram essas palavras, mas foi algo assim.

O namorado não sabia onde enfiar a cara, mas a garota parecia satisfeita com o suposto peso que havia arrancado dos ombros. A bronca, no entanto, ficou parada no ar, sólida como uma nuvem de aço, esperando uma resposta que nunca seria pronunciada.

O cara ficou quietinho, refletindo. E o que o coitado poderia ter dito? Fiquei esperando para ouvir algo como "é isso aí, ontem eu te adorava, hoje acho você uma chata", mas não rolou. É certo obrigar o outro a dizer (ou sentir) alguma coisa?

É engraçado como há diferenças de valor entre as expressões. Quando alguém diz que "gosta" da gente, achamos pouco. Usamos "gostar" para coisas que achamos apenas OK, como alguém que diz que gosta da sogra ou de pizza amanhecida no café da manhã. "Até que eu gostei do novo disco do U2", dizem outros, como se estivessem fazendo um favor. Gostar é coisa do dia a dia, é apenas o primeiro passo/sentimento em um relacionamento que não se sabe para onde vai.

Já quando falamos "eu te adoro", a luz amarela se acende dentro do outro. "Opa, está ficando sério", costuma-se interpretar. Quando você ouve alguém dizer que "adora sanduíche de mortadela com goiabada" você nem pensa no mau gosto dele, pensa apenas: "puxa, essa pessoa gosta mesmo daquilo".

Mas tudo muda quando alguém diz *eu te amo*. Uau. É algo para se pensar. As pessoas (normais) costumam dizer poucos *eu te amo* na vida. Quem está do outro lado, portanto, se acha especial. E tem que se achar mesmo. Às vezes pode parecer impulso, mas acho que todo mundo escolhe o que vai dizer em determinadas ocasiões, principalmente nos momentos mais marcantes da sua existência. Se alguém ainda não disse "eu te amo", é bom esperar. Ou dizer primeiro, se você não aguentar.

A expressão "eu te amo", no entanto, é tão forte que pode provocar um terremoto. Há poucas coisas piores na vida, por exemplo, do que ouvir "eu te amo" de uma pessoa por quem a gente não sente nada. Bem, pensando bem, há coisas bem piores que isso: dizer "eu te amo" para alguém que não responde "eu também", por exemplo.

Não ter um "eu te amo" correspondido não deveria ser uma coisa tão constrangedora assim, mas quem já passou por isso sabe que é. Lembro de uma menina que encheu a boca para dizer que me amava depois de apenas uns dez dias de namoro. Sabe o que eu fiz? Fingi que não ouvi. Tudo bem, pode me chamar de sem-coração. Olhei para o lado e emendei outro assunto. Você queria que eu respondesse o quê? Pelo menos eu sofri durante aqueles dez segundos de interminável silêncio no ar e pronto. Ela nunca disse nada sobre o assunto, e é claro que eu também não. Uma semana depois a gente se separou.

Você acha sinceramente que ela me amava? É lógico que não. Amar alguém em dez dias? Impossível. Se já é difícil ter certeza de que se ama de verdade depois de dez anos...

Costumo brincar que para amar alguém é preciso odiar muito essa pessoa pelo menos uma vez e continuar com ela depois disso. Atenção: não estamos falando de paixão. Para se apaixonar basta uma fagulha de desejo.

Paixão à primeira vista existe; amor, não. Uma paixão só vira amor à primeira vista depois de muito tempo. A frase pesa mais ainda quando é dita na nossa língua materna. Sim, porque uma coisa é dizer *I love you* para sua namorada americana que você conheceu no intercâmbio. Outra coisa é dizer "eu te amo" em português. Em inglês ou em outro idioma, parece que a gente se esconde atrás do som das palavras. Sabemos o que elas significam, mas não sentimos esse significado. Já quando dizemos "eu te amo" na nossa língua materna, ela está impregnada com todo o sentimento que desejamos transmitir. Dizer "eu te amo" é sinal de amor, mesmo. Ou deveria ser.

Acho que tudo isso vem de um problema milenar de tradução. Enquanto em português há apenas uma palavra para definir "amor", em sânscrito há 96. Em persa, 80. Os gregos têm quatro: *philia* (amizade), *eros* (desejo), *ágape* (amar) e *estorge* (carinho). Pensando bem, acho que temos sorte por ter apenas uma palavra para designar "amor". Imagina a confusão que daria para ficar em silêncio com tantas opções disponíveis.

VOCÊ ESTÁ BEM PARA A SUA IDADE?

Num aniversário, ouvi de uma amiga um daqueles comentários que sempre me deixam em dúvida. "Quantos anos você está fazendo hoje?", perguntou ela.

Se eu fosse mulher ficaria ofendido, já que há uma lei não escrita que torna quase ilegal perguntar a uma pessoa do sexo feminino quantos anos ela tem. Mas como sou homem, respondi naturalmente: "Quarenta e oito". "Quarenta e oito?", questionaram os olhos da minha curiosa amiga. "Pois você está muito bem para a sua idade".

Foi aí que veio a dúvida. Ela me elogiou ou acabou comigo? Será que minha amiga quis dizer que estou melhor que outros caras de 48 anos? Ou será que dizer que estou bem "para a minha idade" significa que o número foi uma surpresa para ela, já que eu deveria estar com uma aparência bem pior, devido à idade "tão avançada"? Ou será que nunca passou pela cabeça dela que um cara imaturo como eu pudesse ter 48 anos? Como dizia Cecília Meirelles... ou isto ou aquilo?

Há outros comentários do mesmo gênero. Por exemplo: odeio gente que olha uma foto minha e diz: "Nossa, como você é fotogênico". O que isso quer dizer? Que sou bem pior pessoalmente? Que é um milagre eu ter saído bem numa foto quando sou péssimo na vida real? Ou será que essa pessoa quis mesmo fazer um elogio, sei lá, que me credencia a tentar uma carreira de modelo em Paris? Ou isto ou aquilo?

Também acho estranho quando alguém fala bem de um objeto e o outro acredita que é um elogio pessoal. Quando chego para alguém e digo "esse carro é bonito", estou elogiando o carro, não o proprietário.

Geralmente a pessoa responde "obrigado", o que torna a situação ainda mais ridícula.

Essas dúvidas são importantes? Claro que não. Solucioná-las nos levará a algum lugar? De jeito nenhum. Mas quem disse que só as coisas importantes são importantes? A vida pode ser feita de coisas bestas, engraçadas, inúteis. E, geralmente, é.

A propósito, nem sei quantos anos você tem, mas tenho certeza de que está muito bem para a sua idade.

OS HOMENS SÃO MAIS EMOTIVOS QUE AS MULHERES?

Dizem que as mulheres são mais emotivas do que os homens. Será?

Talvez essa ideia tenha surgido a partir daquele pensamento retrógrado que classificava a mulher como "o sexo frágil", o que, cá entre nós, é uma bela besteira. A mulher é mais frágil se levarmos em conta apenas o ponto de vista muscular. Mas sua força não tem comparação se levarmos em conta qualquer outro aspecto da questão, do lado psicológico à capacidade de resistir à dor.

Antes de espalhar essas besteiras por aí, marmanjos que não suportam tomar injeção deveriam experimentar dar à luz uma criança. Tenho a leve impressão de que é bem pior.

Acho que somos mais emotivos do que as mulheres por várias razões, mas essencialmente porque somos mais primitivos. Ao contrário do que pregam os machistas, mulheres são seres bem mais evoluídos e racionais do que nós, homens. Não sei como tem gente que discorda.

Quer um exemplo? Preste atenção ao mais popular coletivo de homens reunidos para um determinado objetivo: sim, estou falando de uma partida de futebol. Os homens se abraçam, gritam, choram, agitam bandeiras, beijam camisas, dão a vida por símbolos completamente abstratos.

Olho para isso e vejo apenas grandes primatas lutando pela hegemonia de sua tribo a plenos pulmões. E quando saem do estádio, os homens fazem o quê? Saem para beber e se encontrar com outros de sua espécie. Depois de algumas cervejas, não se espante ao ver dois homens de Neandertal se abraçando e trocando elogios: "caaara, você é meu melhooor amiiiigo".

Enquanto isso, as sofisticadas fêmeas preferem se reunir para fazer coisas bem mais civilizadas. Fazer compras. Jantar com as amigas. Ir ao cabeleireiro. Percebeu? São atividades extremamente racionais (apesar de algumas exageradas gastarem o cartão de crédito como se não houvesse amanhã).

A mulher gosta de conversar, racionalizar, transformar suas emoções e pensamentos em palavras. Deve ser por isso que elas gostam tanto de discutir o relacionamento.

Você pode achar minha opinião radical; sei que é errado generalizar. Existem caras que choram até em comercial de TV (eu) e mulheres que não estão nem aí para a própria família. Mas como diz a canção *A Man and a Woman*, do U2, o importante é viver com emoção: "O amor não deveria deixar você entorpecido; a maior dor é não sentir absolutamente nada".

Genial. Desculpe, mas acho que vou ficando por aqui. Escrever este tipo de texto me deixa muito emocionado.

QUAL É O SEU SIGNO?

Depois de "você vem sempre aqui?" e "você tem Instagram?", acho que "qual é o seu signo?" é a expressão mais usada da história da paquera mundial. O mais incrível, porém, é constatar que esse papo furado ainda funciona em pleno século 21, quando a ciência nos explica que as estrelas exercem tanta influência sobre nossa vida quanto a cor da minha cueca sobre o placar do jogo do Corinthians.

"Eu não acredito nessas coisas", dirão algumas mulheres. Não acredite. Por mais que digam o contrário, todo ser humano do sexo feminino lê o horóscopo todo dia. E acredita, sim. Outra coisa: elas adoram homens que entendem de astrologia – ou que fingem entender. "Ah, você é de Escorpião? Eu sabia", arrisca o suposto entendido que quer apenas agradar, sem saber a diferença entre um escorpião e uma barata. Esse esoterismo de butique faz o homem parecer sensível, misterioso. Só isso pode explicar o sucesso de alguns artistas da MPB entre o público feminino.

Olha só que coincidência: meu pai e minha mãe são virgens – por mais estranho que isso possa soar. Não, eu não acho que os bebês são pacotinhos entregues pela Cegonha Express. O que eu quero dizer é que meus pais são do signo de Virgem. E eu sou do signo de Leão, o melhor de todos os signos – uma prova nem um pouco humilde de que eu, pelo menos, nasci sob o signo 100% certo.

Um amigo meu, porém, é a prova de que astrologia não funciona. Ou que é apenas – o que acho mais provável – um placebo emocional.

Pois bem: esse meu amigo era de Peixes e sempre acreditou em horóscopo – dizia até que "batia" exatamente com sua personalidade. Um dia sua mãe veio com uns papos estranhos, dizendo que achava que ele tinha sido registrado num dia diferente... curioso, meu amigo foi até a maternidade e perguntou no balcão:

"Por favor, eu gostaria de saber o dia em que eu nasci".

A funcionária ficou surpresa.

"Você já tentou ver a data que está marcada no seu documento de identidade?", perguntou a mulher.

Meu amigo ficou bravo, explicou a história e mandou a funcionária checar o arquivo. Resultado: graças a uma confusão, ele só foi registrado alguns dias após o nascimento. Só que isso alterou seu signo: em vez de Peixes, ele passou a ser Aquário. E nunca mais leu o horóscopo.

SERÁ QUE FOI UM SONHO?

O que vou dizer é um clichê dos diabos, mas não consigo me segurar: o fascinante da vida é que ela muda de uma hora para outra. Quando menos se espera. Sem roteiro. Estale os dedos: sua vida acaba de mudar.

Algumas dessas transformações acontecem sem querer, é verdade. Estamos andando pela rua, assobiando, com as mãos nos bolsos, e simplesmente damos de cara com alguma novidade cruzando o nosso caminho. Não precisamos fazer nenhum esforço. Outras mudanças, no entanto, requerem mínimas condições básicas de temperatura e pressão: uma dose de bom humor aqui, um olhar mais sensível ali. Um coração aberto, enfim.

Você acredita em coincidências? Uma parte do meu cérebro diz que sim, a outra diz que não. Acho que no fundo elas são como as bruxas: a gente nunca acredita, mas que elas existem, existem. Ou será que esses estranhos acontecimentos só surgem quando abrimos a porta e as deixamos entrar? Não faz diferença. O que importa é que elas aparecem e nos forçam a tomar uma decisão. E tomar decisões é sempre uma coisa positiva, não?

Transformar-se é uma característica inerente a todo ser humano. Somos acostumados a transformações desde o dia em que nascemos. Estamos em constante evolução para sobreviver, e isso não é apenas uma observação darwinista tirada de algum livro de biologia. As espécies que se adaptam melhor ao seu hábitat têm mais chances de sobreviver, aprendemos na escola.

Aplicando o conceito a nós, primatas inteligentes, podemos acrescentar também o aspecto psicológico dessa afirmação. Quem resiste melhor a pressões psicológicas têm mais chance de ser feliz. Ou achar que é feliz – o que é a mesma coisa.

Hoje sou isso, amanhã sou aquilo. Metamorfose ambulante. Não me peça para ser coerente: a coerência só é considerada uma qualidade pelos sem-imaginação. Revoluções por minuto, tudo ao mesmo tempo agora, o tempo não para.

Grandes histórias sempre te ensinam alguma coisa. É por isso que nunca devemos desistir: dá sempre para aprender algo novo. Tudo ensina. Somos esponjas emocionais absorvendo sentimentos e sensações através de cada poro.

De repente você abre os olhos e vê o futuro. Ele é divertido, lindo, brilhante. E daí você descobre que esse futuro sensacional sempre esteve lá, seus olhos é que estavam fechados.

Por que você não abriu os olhos antes? Bem, porque quando a gente está dormindo... a gente não sabe que está dormindo.

Mas, afinal: foi ou não foi um sonho?

PARA QUE SERVEM UNHAS COLORIDAS?

Vamos falar de coisas importantes: uma manhã dessas eu estava passeando calmamente com meu Pitbull (é mentira, eu tenho um Yorkshire) quando vi minha vizinha andando com os braços meio para cima e as mãos bem abertas. Parecia uma maluca. Quando nos aproximamos, ela deu um pulo para o canto da calçada como se eu tivesse uma doença contagiosa. Foi aí que percebi: ela tinha acabado de fazer as unhas.

Nunca reparei tanto em unhas femininas quanto agora, e isso só pode ser um mau sinal. Já viu a variedade de cores disponíveis no mercado atualmente? Não entendo muito de tendências femininas, mas uma coisa posso garantir: nós, homens, não estamos nem um pouco interessados em unhas de cores exóticas.

Tudo bem, eu sei que mulheres não pintam as unhas para os homens, mas para elas mesmas – para as amigas e, ainda mais, para as inimigas. Mas, de uns tempos para cá, a obsessão por essas cores bizarras passou do limite. É isso aí, minha paciência já acabou: parem de pintar as unhas com cores originais ou estejam preparadas para o pior.

"Ah, Felipe, mas azul-limão-rosa-choque-fúcsia é uma cor tão charmosa..." Não, não é. É horrível. Outro dia vi uma garota com as unhas tão amarelas que achei que ela estava com alguma doença africana. Com minha amiga italiana que fala com as mãos, então, não consigo nem mais conversar: fico tão hipnotizado pelas unhas amarelo-canário-pigmeu-de-saturno que não consigo prestar atenção no que ela está falando. Quando reclamo, ela diz que a cor "é o máximo". Para mim, ela é o "mínimo".

Em nome dos homens, vou tomar a liberdade de esclarecer as coisas. Nós não queremos unhas pintadas com cores malucas. Vermelho, branco, "francesinha", preto... estava bom assim. Para que mexer em time que está ganhando? Desde o início dos tempos, vocês nunca precisaram usar cores exageradas nas pontas dos dedos para chamar a nossa atenção.

E os nomes das cores, então? São piores ainda. "Vermelho-me-beija", "rosa-quinta-avenida", "verde-marciano-pelado" e por aí vai. Já vi até uma mulher com uma unha de cada cor – e juro que não foi no circo!

Então o negócio é o seguinte: vocês vão parar de usar essas cores ridículas ou terão que aguentar as consequências: sim, se isso continuar, vou usar esses esmaltes para colorir... meu bigode. É isso aí. Vocês vão ver. Vou pintar meu bigodinho de ator pornô dos anos 70 de verde-marciano-pelado. Será a minha vingança.

Mal espero para ver a cara da minha vizinha.

VAMOS DAR UM TEMPO?

Lembra daquela expressão "vamos dar um tempo?". É mais ou menos da mesma época de "amizade colorida" ou outra incrível gíria que virou moda durante, no máximo, uma semana. Pois para mim, "vamos dar um tempo" hoje em dia teria outro sentido.

Não seria mais aquele eufemismo para "vamos terminar o namoro", como era nos longínquos anos 1990. "Vamos dar um tempo", hoje, poderia ser usado para dizer algo como "eu preciso do meu tempo".

"O tempo é o senhor da razão", diz o provérbio português. Administrar o tempo, no entanto, é uma das coisas que nos toma mais tempo (com o perdão do trocadilho) à medida que crescemos. As semanas passam mais rápido (e os fins de semana também, infelizmente), os meses correm, os anos voam. Nossos relógios biológicos funcionam de uma forma; nossos relógios sociais, de outra.

É por isso que precisamos "dar um tempo" de vez em quando. Não é nada contra ninguém. Maridos ou esposas nem sempre são os culpados. Só às vezes. Mas pode ser alguma coisa no trabalho, na família ou até mesmo uma exigência biológica do nosso organismo.

O importante é ter um tempo para si, seja para ouvir música, ler um livro ou assistir a um jogo de futebol. Só isso. A solidão é um remédio duro, mas que faz bem e pode nos curar quando é tomado em pequenas pílulas.

No mundo moderno, não são só os homens-bomba do Oriente Médio que explodem. Qualquer um pode perder a razão e surtar de vez em quando. Isso acontece porque às vezes sentimos que o mundo é uma ampulheta e nós estamos na parte de baixo, com a areia na altura do pescoço, quase soterrados. Precisamos de um minutinho para respirar fundo, levantar a ampulheta, virá-la ao contrário... e ver o processo começar, tudo de novo. Renascer, enfim.

Esse "tempo próprio" não é exclusividade dos homens, claro. As mulheres também merecem o seu, seja para conversar com as amigas ou para fazer sei lá o quê que as mulheres fazem quando querem. Todos nós sabemos que o tempo é relativo, como dizia Einstein. O que falta é tempo para definirmos a nossa relação com ele.

UMA HISTÓRIA DE AMOR

UMA HISTÓRIA DE AMOR

Era uma vez um adolescente brasileiro que foi morar nos Estados Unidos para estudar na *high school* e aprender inglês. Alguns meses depois, esse cara conheceu na escola uma americana muito especial, uma daquelas garotinhas maravilhosas que parecem ter saído diretamente das cenas de uma série da Netflix.

Os dois se apaixonaram à primeira vista e começaram a namorar. Ele ficou fascinado por seu sorriso de *cheerleader*, os cabelos meio loiros meio ruivos, a pele branca como a neve que ele ainda nunca tinha visto de perto. Ela também gostou de alguma coisa nele, talvez a personalidade extrovertida, talvez o jeitinho brasileiro de quem está sempre de bem com a vida.

O namoro foi ficando sério, quer dizer, tão sério quanto pode ficar um namoro entre dois jovens de dezessete anos. O casalzinho, no entanto, sabia que o fim do relacionamento tinha data marcada.

Afinal, ele voltaria para o Brasil no fim do ano letivo e ela seguiria com sua vida pelas planícies da América. Mas ainda faltava alguma coisa nessa história... e aí a americana deu um jeito de escrever uma nova página dessa *love story*. Apaixonada e curiosa, ela entrou para um programa de intercâmbio. O destino era óbvio: Brasil. Em vez de o jovem casal se despedir com um "adeus", trocaram apenas um beijo de "até logo".

Dois anos depois, foi a vez de ela pegar um avião para conhecer o país dele. Infelizmente, a garota não conseguiu uma família para hospedá-la na cidade onde ele morava. O resultado foi um ano em que os dois passaram de rodoviária em rodoviária, alternando visitas à cidade do outro. Conseguiram se ver bastante, o suficiente para deixar viva a memória que insistia em ocupar as mentes e corações um do outro.

O ano acabou e eles se despediram novamente. Desta vez, porém, o próximo encontro não chegou a ser combinado. A vida "real" estava prestes a começar, teriam agora que depender dos próprios salários para comprar as passagens...

No entanto, como sempre acontece na ficção – e na vida real também –, o destino não entregou os pontos facilmente. E armou mais uma para o casal: exatamente dez anos após a primeira despedida, ele conseguiu descolar uma viagem de mochila para os Estados Unidos.

Como nada é fácil nessa vida, a passagem dele era para Nova York, enquanto ela ainda morava em um pequeno estado no interior da América. Foi aí que ele pensou que, se a arte imita a vida, a vida também pode imitar a arte. E teve uma ideia genial: assistir ao filme *Tarde Demais Para Esquecer*, com Cary Grant e Deborah Kerr.

Com passagem marcada para Nova York, o brasileiro pensava na melhor maneira de marcar o encontro com a antiga namorada de *high school*, que morava numa cidadezinha no interior da América. E aí veio a ideia, inspirada justamente em uma cena de *Tarde Demais Para Esquecer*.

No filme, um casal se conhece num cruzeiro e se apaixona perdidamente à primeira vista. Decidem então largar seus respectivos pretendentes, que os esperam no desembarque do navio. Para não deixar pistas do romance iniciado a bordo, porém, combinam de terminar os relacionamentos alguns meses depois. E então marcam o reencontro no topo do edifício Empire State, em Nova York.

Voltando à realidade – e ao nosso casal –, a ideia hollywoodiana caiu como uma luva: ele chegaria ao Aeroporto Internacional JFK; ela pegaria um ônibus até Port Authority, a rodoviária de Nova York. E os dois se encontrariam no topo do Empire State. Perfeito.

Finalmente o tal dia chegou. Ele já acordou preocupado: será que ela vai me reconhecer? Será que ela ainda está bonita? Será que engordou? Será que emagreceu? Enquanto isso, ela caminhava pela Big Apple fazendo planos para o futuro e lembrando do passado: os jogos de futebol americano que os dois curtiam juntos, ele no campo e ela na plateia, a viagem ao Brasil, os beijos na porta da escola antes de o tradicional ônibus amarelo chegar.

Quinze minutos para a hora H. Final de tarde quente, um daqueles verões nova-iorquinos que esquentam o concreto dos arranha-céus e arrancam suor dos corpos cosmopolitas dos turistas e dos moradores da capital do mundo.

Ele chegou primeiro ao mirante do Empire State. Era a primeira vez dele ali, e sua atenção dividiu-se entre o apaixonado nervoso e o turista deslumbrado – até que o apaixonado nervoso dominou a situação.

O pôr-do-sol transformava o céu de Nova York numa gigantesca planície vermelha quando ela saiu do elevador de mochila nas costas e óculos escuros. Mas ele não teve dúvidas: ela estava igual. Não, estava muito mais linda. Ele gritou seu nome; alguns turistas japoneses interromperam os cliques curiosos para ver o que estava acontecendo.

Os japoneses, o concreto dos arranha-céus, o céu vermelho de

Nova York, todos pararam para ver um emocionado abraço de amor, seguido por beijos ardentes de lábios que esperaram uma década para se reencontrar. E quando os lábios finalmente se afastaram, foi a vez dos olhos carinhosamente se surpreenderem, dos sorrisos brotarem facilmente, das mãos tocarem o outro. Se há momentos que duram para sempre na vida, esse certamente foi um deles.

Após o beijo que esperou dez anos, o casal desceu os 102 andares do Empire State e caminhou pela Quinta Avenida até o hotel. Nem bem entraram no quarto, deixaram as malas no chão e colocaram o amor em dia. Quem disse que "saudade" só existe em português?

O fim de semana inesquecível teve passeios de mãos dadas pelo Central Park, visitas às galerias do SoHo, beijos elétricos sob os totens eletrônicos da Times Square. Se a vida fosse perfeita, ela seria exatamente assim.

Infelizmente para os casais apaixonados, o tempo não perdoa sua lógica inevitável de minutos após minutos, horas após horas. E chegou o dia do adeus. Os dois estão no aeroporto, esperando a voz apática do alto-falante chamar o número do voo dele. O último beijo, o último carinho no rosto, a última troca de olhares. Próximo encontro? Ninguém tem coragem de sugerir.

Quando desembarca de volta no Brasil, ele liga para ela. Conversam um pouco, mas parece que não há muito o que dizer. Não querem falar sobre o futuro, mas também não têm razões para conversar sobre o passado. Desligam rapidamente, com vozes embargadas e lágrimas nos olhos.

O tempo vai passando e os telefonemas vão ficando mais raros, até que desaparecem por completo. E aquele fim de semana maravilhoso vira apenas uma memória distante, uma ideia abstrata do que pode ser a felicidade.

O ciclo desse casal parece girar em décadas. Dez anos depois, ele é convidado para ir novamente a Nova York, dessa vez a trabalho. Resolve mandar um *e-mail* – não custa nada saber como anda a vida dela. Surpresa: ela mora em Nova York.

Muita coisa, porém, mudou. Ele se casou, tem uma filha. Ela se casou, está grávida. Mesmo assim, ela o convida para jantar. Quer vê-lo; quer apresentá-lo ao marido.

Ele chega para o jantar com o mesmo nervosismo daquela tarde no Empire State, não sabe por quê. Ela também está suando frio, acha estranho vê-lo em casa conversando com o marido.

Duas da manhã, ele precisa ir embora. Agradece o jantar e, na hora da despedida, o velho casal troca um olhar cúmplice de quem sabe o que aquela noite representa. Um beijo no rosto marca o fim da história de amor. Ou não: nunca se sabe o que o futuro reserva para casais apaixonados... apenas que eles merecem ser felizes.

Sei que vai parecer estranho, mas a realidade é muito mais surpreendente que a ficção – e um milagre da tecnologia os aproxima novamente exatos dez anos depois. Por meio das redes sociais, eles trocam mensagens em um relacionamento que há muito tempo se tornara uma bela amizade. Há ainda um certo amor, mas um tipo diferente de amor. Um amor que vive apenas na memória, não nos corpos nem nos gestos. Não há beijos na boca, nem abraços tão íntimos assim.

Ele tem uma viagem de negócios a Nova York; ela continua morando lá. Desta vez, no entanto, o marido está viajando com os dois filhos do casal exatamente no dia em que ele chega à cidade. Saem para jantar, nenhum dos dois sabe direito o que pode acontecer.

Pedem uma garrafa de vinho para molhar as palavras enquanto contam histórias engraçadas do passado. É incrível porque há, claro, situações de que os dois se lembram muito bem, embora cada um se lembre com mais ênfase de detalhes diferentes. O engraçado é que, em outros casos, ele se lembra de coisas que ela nem imagina terem acontecido, assim como ela menciona coisas que ele não tem sequer certeza de que aconteceram. Aos poucos, vão chegando a uma verdade comum, que ambos concordam e aceitam, como se cada um saísse de um lado da ponte para se encontrar no meio do caminho. E essa ponte, na verdade, é uma boa metáfora para o que viveram juntos. Ele saiu do Brasil para encontrá-la, mas ela também saiu um pouco de sua própria vida para estar naquela mesa de restaurante, naquela noite, naquela hora.

Trinta anos separam os beijos na porta da escola da noite no restaurante luxuoso em Nova York. Eles não se casaram, mas alguém duvida de que viveram uma grande história de amor? Talvez ele seja o homem da vida dela, talvez ela seja a mulher da vida dele. Não de uma maneira convencional, com testemunhas em volta e documentos oficiais. Apenas algo mágico que nenhum dos dois saberia explicar, mas que qualquer ser humano conseguiria entender.

Palavra de Homem.

www.palavradehomem.com.br

Editor: Fabio Humberg
Capa e projeto gráfico: Alejandro Uribe
Foto da capa: Luciano Prado
Revisão: Humberto Grenes

Dados Internacionais de Catalogação na Publicação (CIP)
(Câmara Brasileira do Livro, SP, Brasil)

Machado, Felipe
   Palavra de homem : tudo o que você queria saber sobre o comportamento masculino mas ninguém tinha coragem de confessar / Felipe Machado. -- São Paulo : Editora CL-A Cultural, 2019.

ISBN 978-65-5012-004-7

1. Crônica 2. Crônicas brasileiras 3. Comportamento 4. Homens - Atitudes 5. Homens - Comportamento 6. Relacionamento - Homem-mulher I. Título.

19-28130   CDD-869.93

Índices para catálogo sistemático:

1. Crônicas : Comportamento masculino : Literatura brasileira   869.93

Maria Alice Ferreira - Bibliotecária - CRB-8/7964

Editora CL-A Cultural Ltda.
Tel: (11) 3766-9015
editoracla@editoracla.com.br
www.editoracla.com.br